JN117488

福井県の方言

ふるさとのことば再発見

加藤和夫ほか◉著
福井県郷土誌懇談会◉編

岩田書院ブックレット

H-31
[歴史考古学系]

岩田書院

装幀◉渡辺将史

はじめに

本書は福井県の方言に関心を持つ方はもちろん、これまで福井県の方言にあまり関心がなかった方たちにも、福井県方言の概要を知っていただき、地域で生活する上で大切なアイデンティティであるべき方言について広く知っていただくために、比較的平易に解説したものである。

1　はじめに

越前市《えちぜん》(旧武生市《たけふ》)出身の筆者は、福井大学教育学部の二年生の夏に集中講義で故川本栄一郎先生(当時、金沢大学教育学部助教授)の「言語地理学」を受講し、当時の丸岡町・松岡町で初めてフィールドワークを経験したことで方言研究の魅力を知った。それまで、標準語とか共通語と呼ばれる教科書や本に出てくる書き言葉こそがまっとうな日本語だと何となく思い込んでいた。日常の話し言葉としての方言は、それに対して価値の低い田舎の言葉というイメージでコンプレックスを感じていた筆者にとって、青森の下北《しもきた》半島出身で東北訛《なま》りの抜けない川本先生の講義を聴き、フィールドワークに参加したことで新しい気づきを得ることになった。方言の多くがかつての中央語(京都語)の歴史的所産であり、方言を調査研究することで日本語の歴史や言語変化の諸要因を明らかにできること、つまり方言が学問としての日本語研究の対象になり得ることを知った衝撃は大きかった。また、教育学部で教師を目指して学んでいた筆者にとって、地域社会で生きている人の口から聞かれる音声言語としての方言を研究対象とするという人間臭さにも大きな魅力を感じた。

以来、卒業論文・修士論文のための福井県若狭《わかさ》地方(嶺南《れいなん》地方から敦賀《つるが》市を除いた旧若狭国の範囲)での言語地理学各地での方言の調査・研究に携わってきた。一九九一年に金沢大学に着任して以後は、学生教育(国語教師、日本語教師養成)と並行して石川県、そして出身地の福井県を中心とした北陸方言の調査・研究に従事してきた。

的調査・研究を皮切りに、北は東北の岩手・山形から、南は鹿児島県奄美《あまみ》地方の沖永良部《おきのえらぶ》島まで、四〇年あまり全国

本書は、筆者の四〇年近い方言研究で得た知見をもとに、福井県方言の歴史と高年層方言の特徴、さらには最近の変化などについて、同じ県でありながら北陸方言と近畿方言という別の方言区画に属する嶺北《れいほく》方言と嶺南方言の両方を取り上げてまとめたものである。

第一章では、福井県方言について考える前提として、方言と共通語(標準語)の学問的定義、一般に標準語と呼ばれ研究者には共通語と呼ばれることの多い両者の共通点と相違点、さらに我が国における明治時代から現在までの方言をめぐる意識の変遷を概観した。

第二章では、福井県方言の成立と全国的位置づけについて解説するとともに、北陸人とりわけ福井県人に目立つ方言コンプレックスに近い意識について、以前関わった全国一四地点言語意識調査の結果と、北陸三県での調査結果の比較から考えた。

第三章では、まず福井県方言の地域差と特徴を概観し、さらに嶺北方言の一例として嶺北南部方言に含まれる越前市下中津原町方言、嶺南方言の一例として嶺南東部方言に含まれる美浜町方言の音韻・アクセント、語法・表現法の特徴を紹介した。

第四章では、衰退しつつある福井県の伝統方言の語彙《ごい》について、嶺北・嶺南方言共通の語彙、嶺北方言の語彙、嶺南方言の語彙の三つに分けて紹介した。

第五章では、福井県方言の変化について、福井市の高年層方言と、県内五地点の若年層方言での同一例文の方言訳

にみる方言の変化と、ＪＲ北陸本線沿いに行ったグロットグラム調査の結果から、嶺北方言の地域差と世代差について紹介した。

ほかに付録として、筆者が最近収集した、生活語以外での方言活用例として注目される福井県内で見られた方言景観に使用された方言を紹介し、また、福井県方言についてさらに詳しく知りたい、これから研究してみたいという方のために、福井県方言に関する参考文献リストも載せた。なお、本書のところどころには、福井県方言に関する様々なトピックを扱った一一のコラムも用意した。

目次

コラム

凡　例

一、本書では、方言形は原則として表音的片仮名表記で示し、方言の例文は同じく表音的片仮名表記の文節分かち書きで示した。なお、第三章の方言の音韻・音声の記述部分で一部音声記号を用いた箇所がある。

一、本文中で文献を示す場合は、日本語学分野の標準的示し方である「加藤和夫（一九九二）」のような「著者（出版年）」の形で示し、本文末尾に付した「参考文献」で具体的な論文名や書名、掲載誌、出版社等を確認できるようにした。なお、その「参考文献」とは別に、本書末尾に載せた「付録2　福井県方言に関する参考文献」には、一九〇〇年以降の文献を「書目」と「論文」に分けて発行年順に収めた。

一、本書の企画・編集は、福井県郷土誌懇談会出版事業編集委員（石川美咲・角明浩・金田久璋・中島嘉文・本川幹男・柳沢芙美子）が行った。また、本文は加藤和夫が執筆し、コラムは2・6を堀部昌宏、3・11を髙谷直樹が執筆し、そのほかは加藤和夫が担当した。

福井県市町村図
（平成大合併前）

福井県市町村図（現在）

第一章　方言と共通語・標準語

一　方言とは

福井県出身のある人が、初めて東京の食堂に入ってうどんを注文したとしよう。しばらくして目の前に出されたうどんを見て、そして一口食べて、その人は関東風の濃いつゆの色と味に幻滅の表情を浮かべるかもしれない。

いきなり妙な話から始めたが、これは福井県をはじめとする北陸地方、そして北陸を含む西日本出身者が上京した際に実際にしばしば体験していることと思われる。子どもの頃から慣れ親しんできた食べ物の味、醤油の色や味から、人はそう簡単に抜け出せるものではない。

図1は、雑煮の汁がすまし汁か味噌汁か、中に入れる餅の形が丸餅か角餅かの全国分布図である。図1では、近畿地方を中心とした味噌汁とそれを取り囲んで東西に分布するすまし汁、東の角餅に対する西の丸餅というはっきりとした地域差が見てとれ、味噌汁とすまし汁の分布は柳田《やなぎた》国男(一九三〇)で提唱された方言周圏論《しゅうけんろん》(言葉が文化的中心地を核として同心円状に分布する場合、外側にある言葉から内側にある言葉に順に変化してきたと考える方言分布解釈の一理論)における周圏分布の様相を示し、角餅と丸餅の境界線は、後述する日本の方言区画での東部方言と西部方言の境界線と不思議な一致を見せる。このような食べ物の地域差に限らず、「所変われば品変る」の言葉通り、私

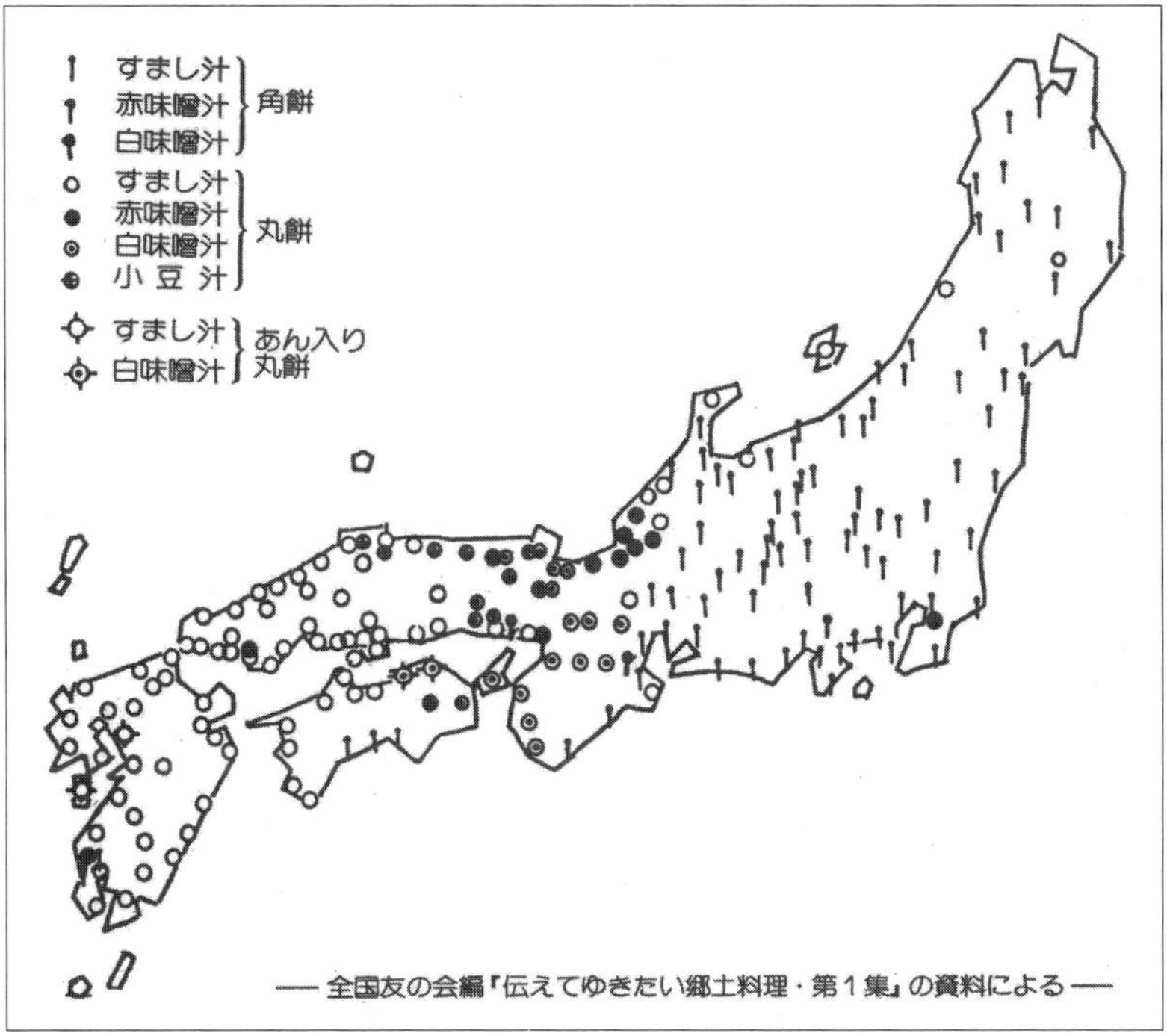

図１　雑煮の分布図（柴田武1981年の筆者宛賀状より）

たちは日常多くの場面で様々な地域差を体験しているものである。

一方、昔から「ことばは国の手形」と言われるように、言葉についても北は北海道から南は沖縄まで、その地方地方によって様々な違いが見られる。例えば、日本で最も方言形の種類が多いとされるメダカは、辛川十歩《からかわじっぽ》（一九三九）によって全国で五〇〇〇以上もの異称が報告されている。また、そうした単語の違いのほかにも、東日本で「書カナイ」というのを西日本で「書カン」「書カヘン」「書ケヘン」と言ったりする言葉づかい（文法）の違いや、石川啄木が「ふるさとの訛《なまり》なつかし停車場の人ごみの中にそを聴きにゆく」と歌った「訛り」、つまり発音やアクセント、イントネーションなどの違いも存在する。

では、ここで改めて「方言とは何か」について確認しておくことにしよう。

平安時代初期のものとされる『東大寺諷誦文稿《とうだいじふじゅもんこう》』に「地域のことば」に近い意味で用いられた「方言」の最古の例の一つが確認できる。

（前略）たとひ此の当国の方言、毛人《もうじん》の方言、飛驒《ひだ》の方言、東国の方言、たとひ飛驒の人に対ひたまふとも飛驒の国の詞にて聞かしめたまふ。説きたまふ。訳語通事の如し。（中田祝夫（一九六九）の読み下し文より）

ただ、「方言」という語は、時代により人により意味するところが必ずしも一致していない。

方言学における術語としての「方言」とは、「ある地域社会に用いられる言語体系全体」と定義される。この定義によれば、ある地域社会で用いられる語の中に共通語と同形・同義のものがあったとしても、それもその地域社会の方言の一部ということになる。例えば、福井県で用いられるアシ〈足〉やミミ〈耳〉といった語は、それが共通語と同形・同義であっても福井県方言の一部ということになる。語の集合体としての語彙《ごい》のほかに音韻《おんいん》・文法も含んだ言語体系全体をさす「方言」の概念は、俗にいう津軽《つがる》弁・大阪弁などの「～弁」に近いと考えると理解しやすいかもしれない。ただ、本書で取り上げる福井県方言の様々な事象のうちには、共通語と語形・意味ともに一致するものは含めていない。

ところが、世間一般では、「シバレルは北海道の方言だ」とか「ツルツルイッパイって福井の方言か?」のように、「共通語とは異なるある地域に特有の単語」の意味で「方言」という語が用いられる場合が多い。方言学では、「ある地域社会に用いられる言語体系全体」をさす「方言」と区別して、シバレルやツルツルイッパイのような共通語とは異なる、ある地域特有の単語を「俚言《りげん》」「俚語《りご》」と呼ぶことがある。人によっては単語以外の文法や発音・アクセントなどをさして「方言」という場合もあるだろうが、共通語とは異なる単語をさして言う場合が圧倒的に多いと思われる。なお、発音の面で共通語との対応関係が見られる変化形（「高い」に対するタケーなど）を「訛音《かおん》」「訛語《かご》」と呼んだり、語形は同じだが意味がずれているものを「義訛語《ぎかご》」と呼んだりすることもある。

二　共通語・標準語とは

「方言」に対して全国的に通用する言葉を「共通語」とか「標準語」と呼ぶ。一般的には「共通語」と「標準語」はほぼ同義で使われることが多いが、研究者の間では区別して用いる場合が多い。

Standard language の訳語である「標準語」は岡倉由三郎《よしさぶろう》（一八九〇）での使用例が最初とされ、上田万年《かずとし》を契機として、当時の標準語制定の気運、明治時代末期頃からの学校教育における「標準語教育」（「方言撲滅・方言矯正」）の動きとも相俟《ま》って普及し、現在まで一般には「標準語」を使う人の方が多い。ただし、「標準語」という言葉には「国として制定した規範的な言語」としての意味合いが強い。一方、common language の訳語である「共通語」は、戦後に国立国語研究所（一九五一）で最初に用いられ、「方言と方言との間の共通の第三言語」とされた。その後、「共通語」という用語は一九五〇年代後半に文部省の「学習指導要領」に採用されてから、特に学校教育関係者や研究者の間で普及することとなった。柴田武は国語学会編（一九八〇）の「共通語」の項で、「共通語」は〔現実〕であり、〔自然な状態〕であり、〔ゆるい規範〕、つまり〔現実のコミュニケーション手段〕であるとし、それに対して「標準語」は〔理想〕であり、〔人為的につくられるもの〕であり〔きびしい規範〕、つまり〔その言語の価値を高めるためのもの〕であるとして区別している。

柴田の説明に従えば、我が国に存在するのは、方言間の違いを超えて自然に成立してきたものであることから「共通語」と呼ぶ方がふさわしいということになる。しかし、両者の持つ「全国で通じる言葉であり、日本語の規範とされる言葉」という共通性から、一般には両者の区別が曖昧になりやすく、戦前から普及していた「標準語」の呼称の方が今もよく使われている。その結果、最近では、日本語の場合は「標準語」も「共通語」も実態は一つなのだから、両者の区別にあまりこだわる必要はないと考える研究者も増えつつある。

なお、全国に広く通用する「標準語」を「全国共通語」と呼ぶのに対して、ある地方で広範囲に通用する言葉を「地方共通語」「地域共通語」と呼ぶことがある。

三　方言意識の変遷

地域の人々の中には、今も方言に対して誤解や偏見、そしてコンプレックスに近い感情を持つ人が少なくない。代表的な誤解には「方言は地方ごとに生まれた独特の言葉」といったものがあり、偏見に近いものには「方言は共通語に比べて通用範囲が狭く、役に立たない言葉」、「方言は田舎くさい汚い言葉、荒っぽい言葉」といったようなものがある。また、地方の若い人の中には自分たちも少なからず方言を使っているにもかかわらず、「方言は年寄りがしゃべる古くさいことば」といった捉え方をしている人も少なくない。

確かに方言にはそれぞれの地方で生まれたものもあるに違いないが、むしろその多くは、江戸時代前期の一八世紀中頃まで一〇〇〇年近く日本語の中央語であり続けた京都を中心とした(江戸時代前期は大阪を中心とした)近畿地方の言葉が、地方に伝わる過程で、あるいは地方に伝わった後に形を変えたり意味を変えたりしたものなのである。

例えば福井県をはじめ北陸三県で「駄目だ」の意味で使われるラチャカン、ダチャカン、ダチカンなどの方言形は、かつての中央語「埒明《らちあ》かん」が近畿地方から北陸に伝播《でんぱ》する過程で変化したものであり、福井県方言で「精神的につらい」意味で使われるモノゴイも、かつての中央語「物憂《ものう》い」がモノオイ、さらにモノゴイと変化したものであることは明らかであり（石川県加賀地方から富山県ではさらにモノイに変化）、方言にはこの種のかつての中央語に由来するものの方がよほど多いのである。そのことを知るだけでも、「方言は地方ごとに生まれた独特の言葉」といった誤解や、「方言は田舎くさい汚い言葉、荒っぽい言葉」といった偏見が、いかに誤りを含んでいるかが理解できるはずである。

以下では、明治時代から現在まで、全国レベルで見た場合に、我が国で方言がどのように考えられてきたかという方言意識史とでもいうべきものを、「明治時代から戦前まで」と「戦後から現在まで」に大きく分けて確認しておくことにしよう。

1　明治時代から戦前まで

まず、明治時代から戦前までの方言をめぐる動きを概観する。

江戸時代の強固な幕藩《ばくはん》体制を背景とした約二六〇年間は、農民を中心とした人の動きが藩域という社会的条件の制約のもとに固定されたため、方言の地域差が大きくなり全国に豊かに方言が花開いた、方言にとって幸せな時代だったとされる。

しかし、明治時代になって幕藩体制が崩壊すると一転、天皇を中心とした中央集権国家の確立、国家統一が目指されることになり、一八八七年前後から言葉の統一の必要性、つまり標準語制定の必要性が、当時の東京帝国大学博言学科教授・上田万年を中心に唱えられることとなる。一九〇二年に上田の進言に基づいて文部省に設置された国語調査委員会（委員長：加藤弘之、委員に上田万年ら一二名）の四つの調査方針の一つに「方言ヲ調査シテ標準語ヲ選定スルコト」があり、翌年初めて全国規模の音韻と口語法に関する方言調査が実施された。

その後、口語法の調査結果も含め、首都となった東京の言葉が標準語としての地位を固めることになる。一九〇四年からは最初の国定教科書である『尋常小学読本』が全国の小学校で使用され、標準語教育が押し進められることになる。結果、学校教育の場で方言を「悪い言葉」「使ってはならない言葉」と位置づけることになり、「方言撲滅」「方言矯正」の動きが盛んとなった。沖縄などでは方言撲滅の成果を上げるための極端な指導として、方言を使用した児童・生徒に「方言札《ほうげんふだ》」を首から下げさせるなどといったことまで行われ、この時期の標準語教育は地域の人々に方言コンプレックスを植え付けることとなった。

2 戦後から現在まで

明治時代末からの方言撲滅の動きは、戦前は言うまでもなく、戦後も一九六〇年代まで続いていた。高度経済成長期の中央(東京)志向は標準語(共通語)万能主義の時代でもあった。この時期に石川県の美川町《みかわ》(現白山市《はくさん》)で一九六九年に刊行された『美川町文化誌』の方言の章の冒頭には「使用する方言の多少は、教育の普及や文化の変遷を知るバロメーターであるといっても過言ではない。一日も早く方言の使用が少なくなるよう、お互い努力したいものである。」(傍線引用者)とあり、方言撲滅の考え方が戦後も根強く続いていたことを示している。

その後、「方言再発見期」とも言える一九七〇～一九八〇年代になると、東京一局集中への反省から〈地方の時代〉と言われるようになり、地方の見直しとともに方言の見直しが進み始めた。それは同時に、一九六〇年前後からのテレビの普及を中心とした社会環境の変化によって方言が衰退に向かっていたことへの危機感を意識し始めた時期でもあったと言える。

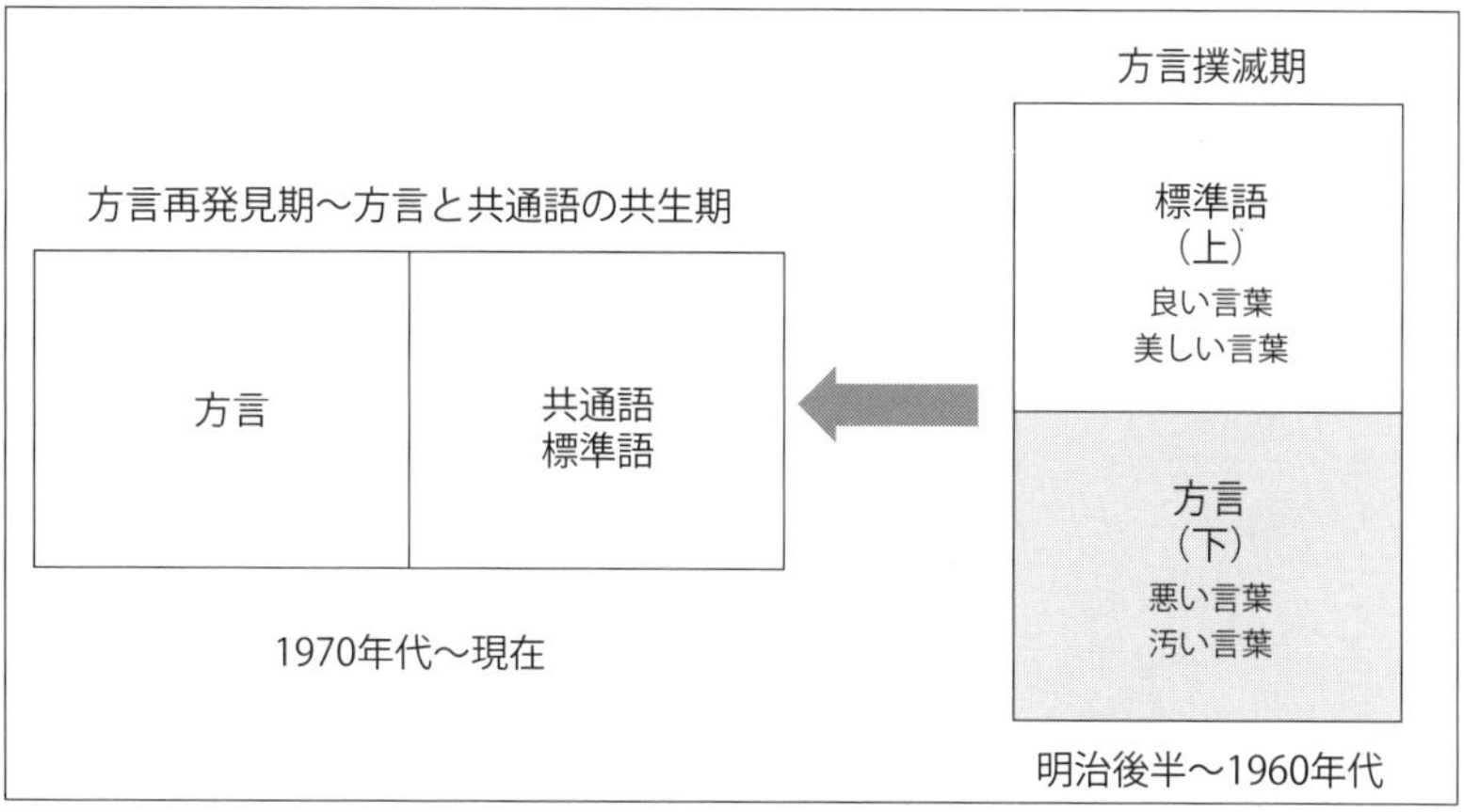

図２　明治後半から現在までの方言意識の変遷

そして、二一世紀を目前にした一九九〇年代になると、全国的にさらに方言の豊かさ、価値・役割などへの気づきが進み、方言衰退の動きにややブレーキがかかるとともに、それぞれにふさわしい場面で共通語と方言を使い分ける「方言と共通語の共生期」に入ったとされる。こうした状況は二一世紀に入って二〇年あまりが経過した現在も続いていると見ることができるが、全国的な方言をめぐる意識の変化に対して福井県の状況はどうなのか。この点については次章第三節で取り上げることにしたい。

明治時代後半から戦後の一九六〇年代頃までの「方言撲滅期」と一九七〇年代以降の「方言再発見期」、さらに一九九〇年代以降の「方言と共通語の共生期」における方言と共通語・標準語の関係を示すと図２のようになるだろう。

コラム❶

福井県の気づかれにくい方言

日本では地域によっての程度差はあるものの、方言の衰退、共通語化が確実に進行している。一方、そんな中でも今なお根強く使われ続けている方言があることに注目した場合、その背景に、使っている人たちが方言だと気づいていない「気づかれにくい方言」のあることが指摘されている。

では、現在のような情報化社会の中でも方言だと気づかれにくいのはなぜだろうか。その代表的な理由には、①学校で教師が使っている「学校方言」、②意味は異なるが共通語に同じ語形がある、③共通語に似た語形がある、④共通語に該当する語形がない、⑤使用頻度が高く通用範囲が広い地方共通語もの、などがある。以上の五つの理由による福井県（主に嶺北《れいほく》方言）の気づかれにくい方言の具体例を挙げると以下のようなものがある。

①ノートがツマル〈ノートを最後のページまで使い切る〉、内ズック〈上履《うわば》き〉、下のオ〈ワ行のヲ〉

②クドイ〈塩辛い〉、アタル〈もらえる〉、エライ〈つらい〉

③オイデル〈「行く・来る・いる」の尊敬語〉、カタガル〈傾く〉、ミンチカツ〈メンチカツ〉

④ジャミジャミ〈テレビ画面の砂嵐状態〉、ツルツルイッパイ〈容器に液体がこぼれそうなほど満たされた状態〉、カゼネツ〈口内炎・口角炎を含んだ症状〉、ゴボル・カブル・グイル・グワル〈雪に足がはまる〉、ツンツン〈鉛筆の芯が鋭く尖った状態〉

⑤メモライ〈ものもらい＝麦粒腫〉、エン〈いない〉、オチョキン〈正座〉

（加藤和夫）

コラム❷

高校生と福井方言(1)　ズック、ゲベをめぐって

「先生、内ズック持ってくるの忘れました。」
「それなら、今日は部活動の時のズックを使いなさい。」
私が勤務している高校で、生徒と先生がこんな会話を交わしていた。「内ズック」はいわゆる上履《うわば》き、内履きのことを指し、「外ズック」は外履きのことを指している。

二〇二一年夏、福井県で開催されたインターハイにおいて、県営体育館で受付ボランティアをする本校の生徒に、「入場する他県の選手には、内ズックという言い方は使わず、体育館用シューズという言い方をするように」といった指導があり、そこではじめて生徒たちは「ズック」という言葉は方言だったんだと驚いたそうだ。

本校に合格した生徒に配布する『入学の手引き』にも、「ズック類は体育館で販売します」と書いてある。そこで、東京からの引越で入学してきた生徒に、内ズックが何のことかわかったかどうかを後で聞いてみたら、言葉の雰囲気で上履きのことだろうと思ったと話していた。

「ズック」という言い方は、今でも北陸や東北で使われていて、語源はオランダ語。江戸時代後期にオランダから厚手のズック生地の洋服が伝わり、この生地を使って靴などが作られたことが由来だと言われている。もともと「ズック」は全国的に使われていたのだが、スニーカーなどの別の言い方が普及したために次第に衰退し、「ズック」という言い方をする地域が今や北陸や東北などに限定され、方言的なものになったのだ。

全国的に方言の衰退が進む中、学校場面や普段の我々の生活に近い場面で、親の世代も方言形と気づかずに使

っているような言葉は、高校生にも確実に受け継がれているようだ。

一方、授業で採点済のテストの答案を返却したときに、ある男子生徒から「うわー、ゲベにはなりたくねー。」という声があがったものだから、気になって、運動会の競争などで最後になることを何というか聞いてみたところ、クラスの半数近い生徒が「ゲベ」と回答した。高校生の間では、共通語にあたる「ビリ」と同じくらい使用されているらしいことが分かった。

「ゲベ」という言い方は福井県や石川県でよく聞かれる方言形で、「尻」の意の方言形から生じたものだと考えられている。「ゲベ」のほかには、越前《えちぜん》市の生徒で「ドンケ」、鯖江《さばえ》市の生徒で「ドンベ」、坂井市三国《みくに》町の生徒で「ゲッペ」などという言い方も聞かれた。「ビリ」にあたる「ゲベ」「ドンケ」「ドンベ」「ゲッペ」などは、あまり人前で堂々と使える言葉ではないことから、若者の間でいろいろなバリエーションが増えていったのではないかと考えられる。


（堀部昌宏）

写真１
「しらんひとについていったら あかん！」
越前市青少年健全育成標語看板
「あかん」は「駄目だ」の意味。

第二章　福井県方言の成立と全国的位置づけ

一　福井県方言の成立

方言について一般の人によくある誤解の一つに、方言は各地域で独自に生まれた言葉で、ある地域で使われる方言はほかの地域にはないといったものがある。むろんそのようなものがあることも事実だが、それは方言全体から見れば語彙《ごい》を中心とした少数のもので、前章第三節でも触れたように、むしろ基本的な方言事象は、かつての中央語、千年の都だった京都の言葉が時間をかけて地方に伝わったものが方言となっているものが多いのである。

北陸地方へのかつての中央語（京都語）の伝播《でんぱ》経路については図3のようであったと考えられる。

北陸地方、特に福井県への最も基本的な伝播ルートは図3に太い矢印の線で示した(1)陸上伝播である。京都方面から琵琶湖の西を北国街道《ほっこくかいどう》沿いに北上し、琵琶湖の北で二方向に分かれ、一つは、かつて鯖街道《さばかいどう》と呼ばれたルートで若《わか》狭《さ》地方に伝播して小浜《おばま》を中心に若狭地方に分布を広げ、もう一つは、そのまま北上して敦賀《つるが》に入り、さらに木ノ芽《きのめ》峠を越えて嶺北《れいほく》地方に、そして石川県加賀《かが》地方から能登《のと》地方へ、また富山県へと伝播するというものである。江戸時代までは、鉄道もなければ自動車もなく、電話やインターネットのような通信手段もない時代。近畿地方を出発した言葉が陸上伝播で地方に伝わるのは伝言ゲームのようなものだった。一〇人で伝言ゲームをやっても、最初の人が言っ

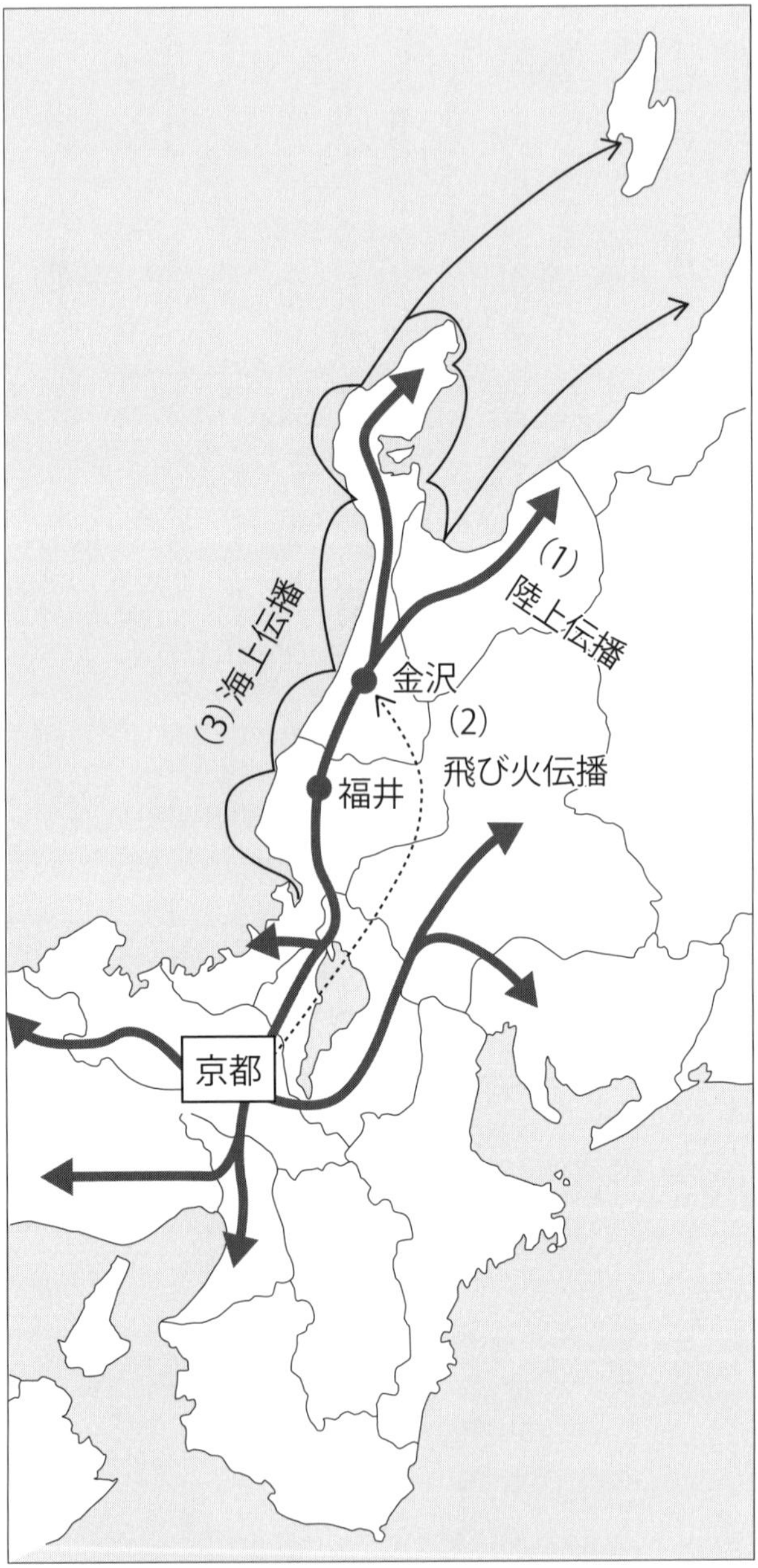

図3　京都から北陸への言葉の伝播経路

た言葉が一〇人目に伝わるまでに違ってしまうことがあることを考えれば、京都を出発した言葉が地方に伝わる間に形（発音）や意味が変わることがあっても、何の不思議もないのである。ちなみに、江戸時代頃までの言葉の伝播速度については、井上史雄（二〇〇三）などによって一年に約一キロメートルと推定されている。

ほかに沿岸に沿って引いた細い矢印の線で示した(3)海上伝播も一部の方言事象にあったと考えられる。北前船《きたまえぶね》航路に代表されるかつての海上交通路を背景としたもので、京都語が琵琶湖の西を北上して港町敦賀に至り、敦賀から三国《みくに》を経て石川県の能登地方に伝播するケースである。例えば、近畿地方から分布を広げた「ありがとう」の意味のオーキニは、福井県（嶺北地方・嶺南《れいなん》地方）までは伝播したが石川県加賀地方にまでは入り込んでいない。ところが石川県能登地方の輪島《わじま》市や珠洲《すず》市などでは使われている。このオーキニは福井県から海上伝播によって奥能登地方に伝わったと考えられるものである。

京都から金沢に点線の矢印で示した⑵飛び火伝播は、加賀藩が江戸時代を通じて文化奨励策をとり京都との交流が多かったことで、京都の言葉が福井県を通過しないで直接金沢に伝播したケースである。金沢を中心に小松市以北の加賀地方で使われた尊敬の敬語助動詞マッシャル、マサル（今はその命令形のマッシのみが優しい命令、勧誘の意味で文末詞的に観光キャッチコピーなどで盛んに使われている）は、福井県内では全く使われた形跡がないことから、この飛び火伝播によるものと考えている。

以上から、福井県方言の多くは、かつて長く日本語の中央語として君臨し、上方語《かみがたご》で文献が書かれた江戸前期（一八世紀半ばまで）はもちろん、江戸語・東京語が中央語となっていった江戸後期以降も、京都を中心とした近畿方言の影響下にあり（方言区画で近畿方言に区画される嶺南方言が特にその影響を強く受け続け）、近畿地方から伝播した言葉が現在の福井県方言のベースとなっているのである。

二　福井県方言の全国的位置づけ

前述のような福井県方言の成立事情から、福井県方言の全国的位置づけもまた見えてくる。

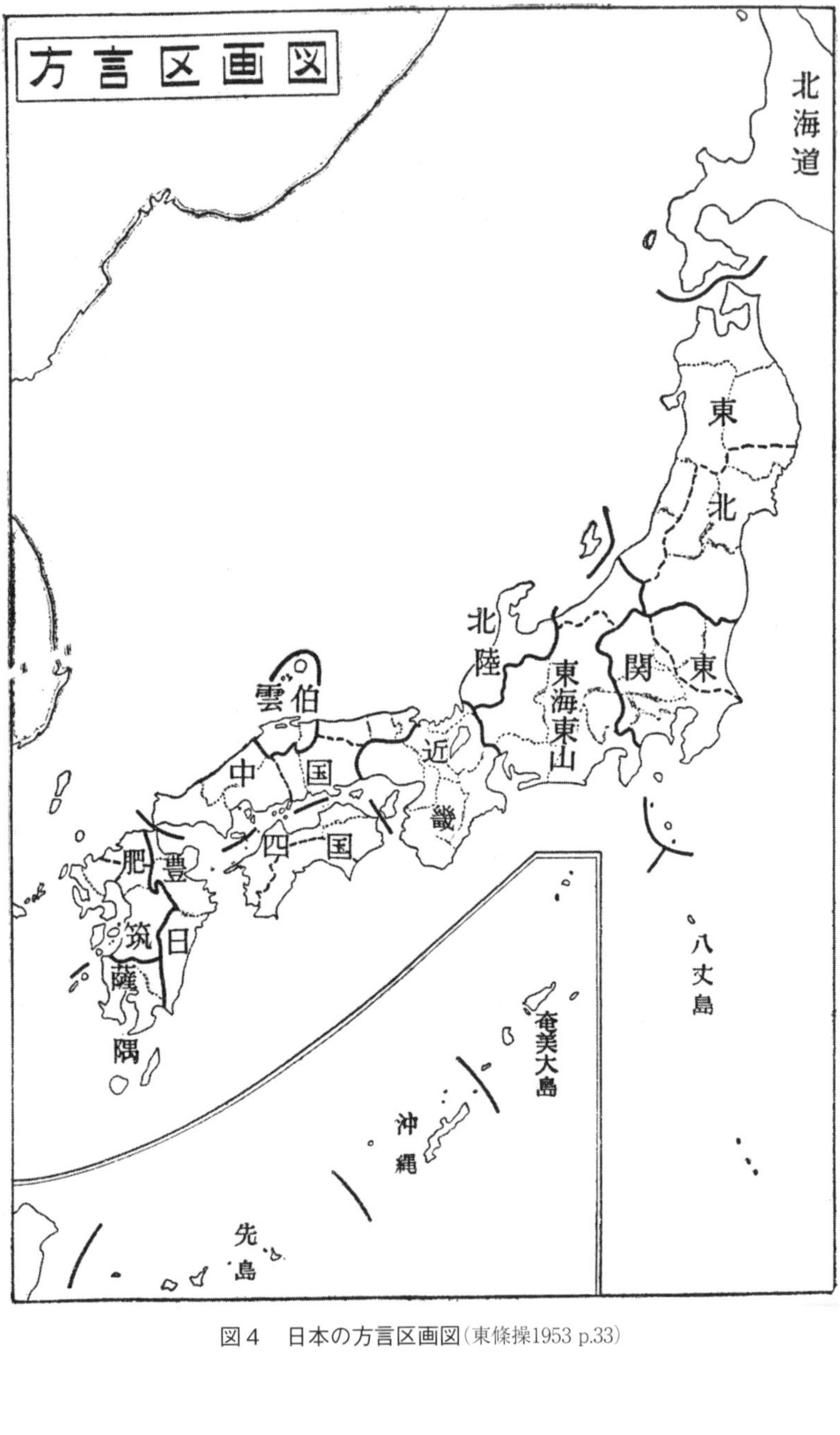

図４　日本の方言区画図（東條操1953 p.33）

「方言区画図」（図４）の系統図

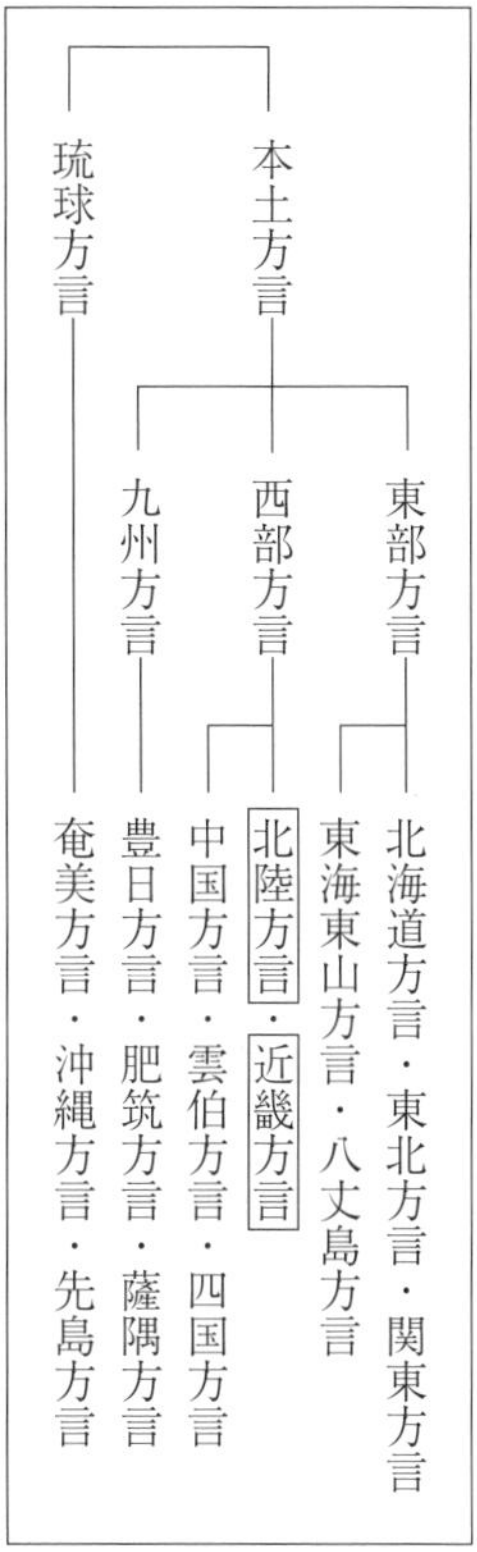

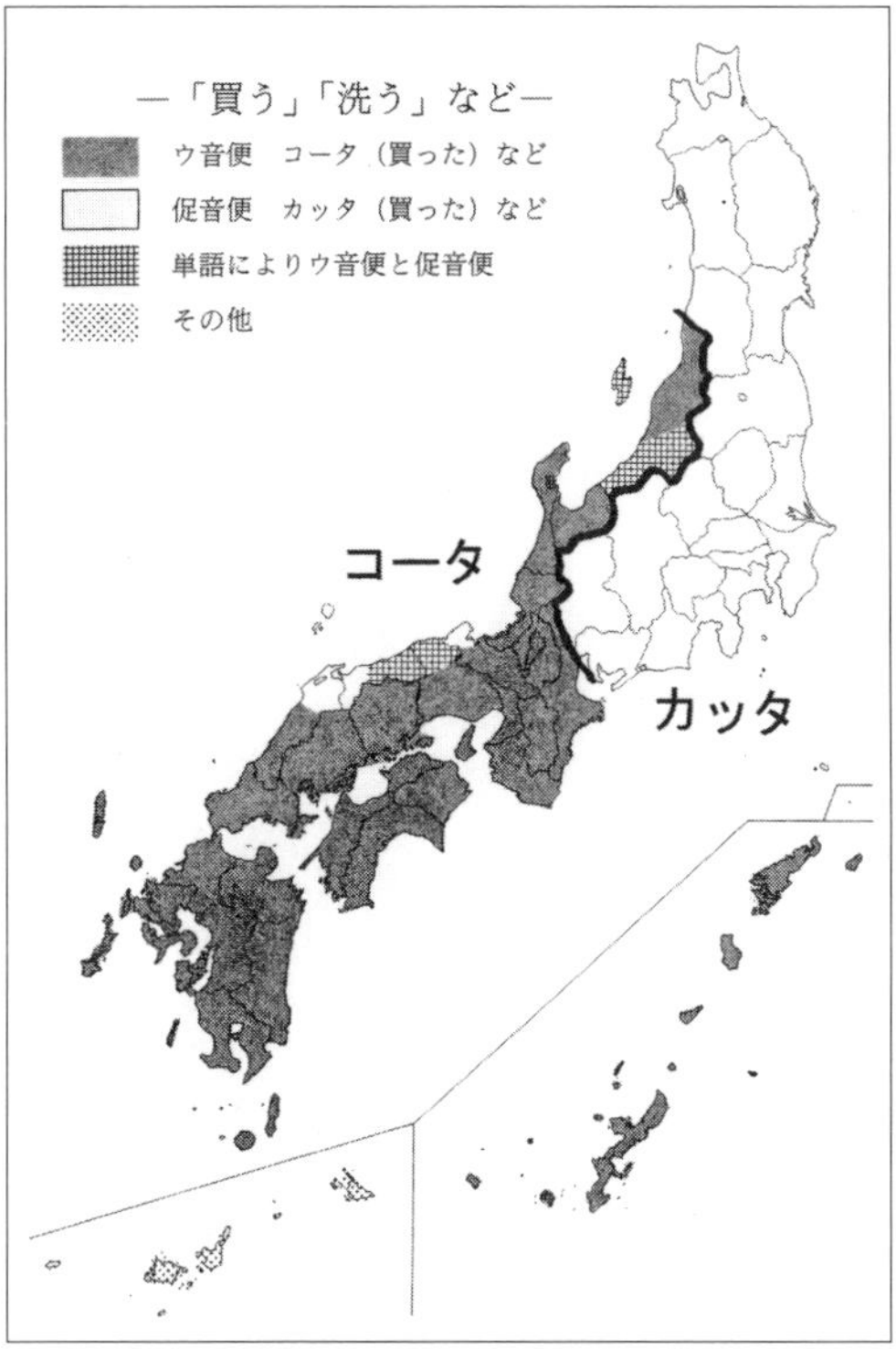

図５　ハ行四段動詞の音便形の分布
（佐藤亮一2002 p.326）

図４は東條操（一九五三）に載る日本語方言の代表的方言区画図である。これによれば日本の方言は、まず奄美大島《あまみおおしま》以南の琉球《りゅうきゅう》方言と本土方言に大きく分けられる。本土方言はさらに東部方言・西部方言・九州方言の三つに分けられる。

　福井県方言の場合、嶺北方言は石川・富山両県と新潟県佐渡《さど》島までの範囲の方言とともに西部方言、さらにその下位区分としての北陸方言に含まれ、嶺南方言は西部方言のうちの近畿方言に含まれる（右上の系統図参照）。先に触れた福井県方言の成立の事情からも、嶺北方言・嶺南方言ともに、京都・大阪を中心とした近畿地方の方言に共通する特徴が多く見られるが、特に嶺南方言は、嶺北地方への人の動きの障害物となった木ノ芽峠の存在と近畿地方との距離的近さ、若狭地

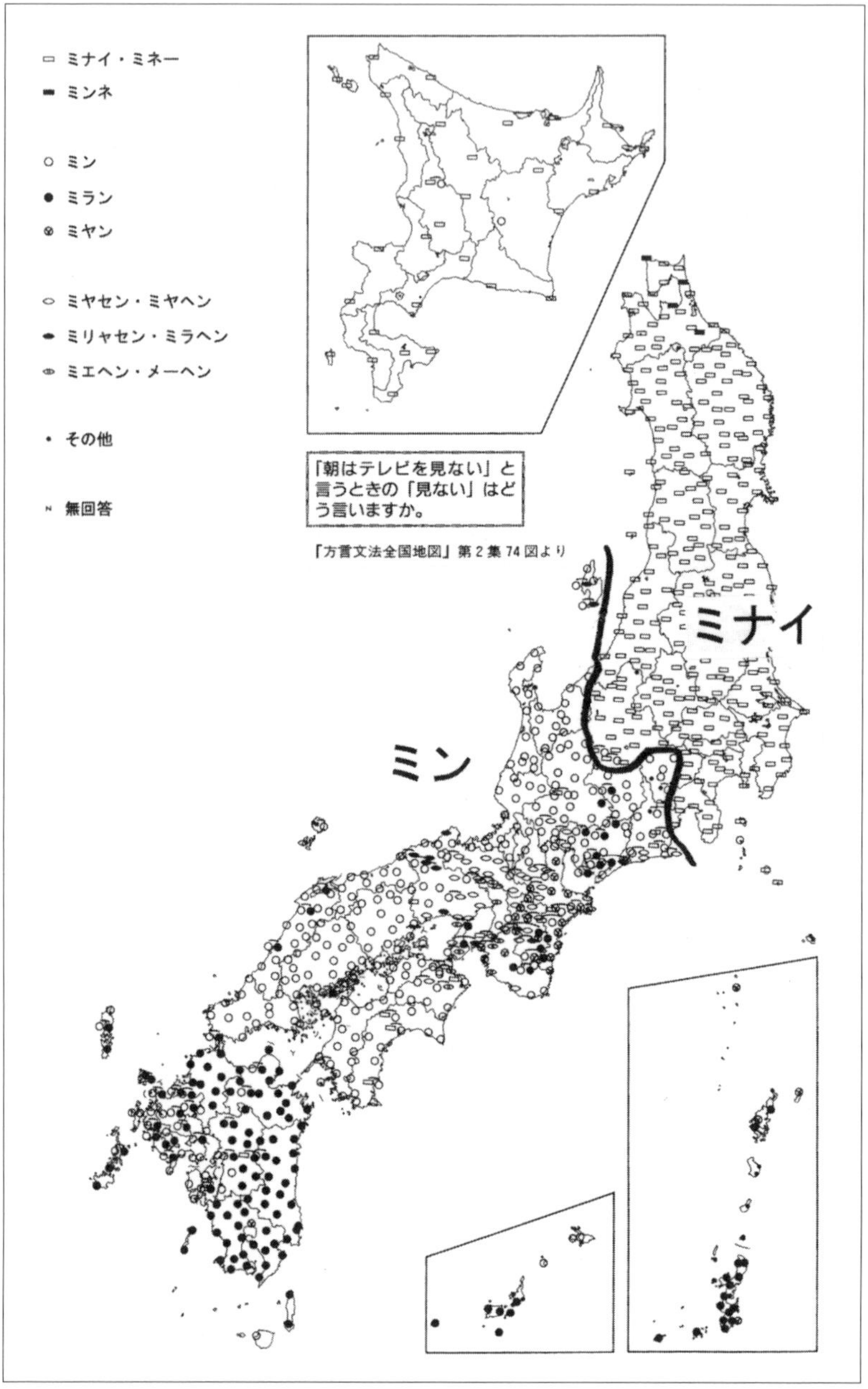

図6　「見ない」の方言分布（松丸真大2006 p.41）

方では、結婚前の女性が行儀見習いのために京都に奉公に出る人もいたといったことも含めて、近畿方言に近い特徴を持つに至ったと考えられる。

日本の方言区画で一つの県が異なる方言区画（西部方言の下位区分としての北陸方言と近畿方言というレベルで）に分かれるというのは、福井県以外では新潟県・山梨県・兵庫県・鳥取県・島根県くらいしかない。

東條操の方言区画で、嶺南方言が含まれる近畿方言と嶺北方言が含まれる北陸方言が西部方言の一部であること、中でも北陸方言が西部方言の東の端（東部方言の下位区分である東海東山《とうかいとうさん》方言との境）に位置することは、図5「ハ行四段動詞の音便《おんびん》形の分布」の「買った」のカッタとコータ、図6「見ない」でのミナイとミンのような東西対立分布を示す方言事象で、北陸方言の東側に境界線が走ることからも理解されよう。

三　根強い方言コンプレックス

前章第三節では、明治時代から現在までの全国的な方言および方言意識をめぐる動きをごく簡単に振り返った。全国的に方言の見直しが進む現在、北陸三県での方言意識はどのような状況にあるだろうか。ここでは、筆者が以前携わった北陸地方での言語意識調査の結果から、各県庁所在地での方言好感度を中心に、その意識の差異と全国の他地域の方言意識との比較を試みる。

1　北陸三県の方言意識を比較する

筆者は一九八四年秋から一九九五年春にかけて、全国の一三名の方言研究者とともに一四都市における言語意識調

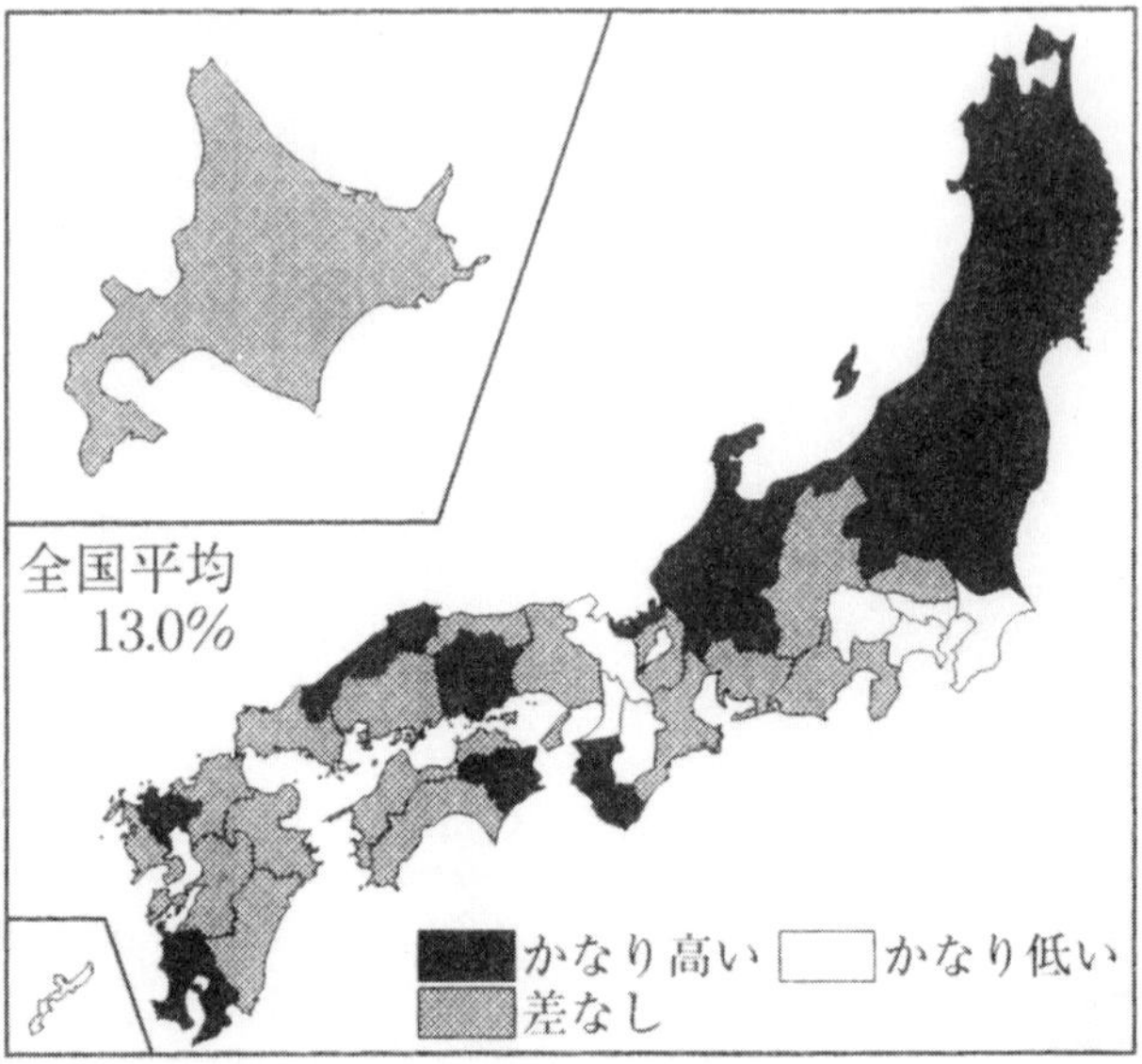

図7　あなたは、地方なまりが出るのは恥ずかしいことだと思いますか。（1．はい）

査を実施した。その調査報告書とも言える言語編集部（一九九五）と佐藤和之・米田正人編著（一九九九）の執筆に関わった。また、その後の北陸三県出身の卒業論文指導学生三名による各県三地点での言語意識調査の結果が見えてくる中で、全国一四地点言語意識調査で筆者が調査を担当した金沢市を含む北陸三県のネイティブの、自らの方言に対するコンプレックスに近いネガティブな感情の強さを意識するようになった。

図7はNHK放送文化研究所の『データブック全国県民意識調査 一九九六』の方言関連項目のデータを整理・紹介している柴田実（二〇〇一）に載るものである。「あなたは、地方なまりが出るのは恥ずかしいことだと思いますか」という問いに対して、「そう思う（はい）」という答えの全国平均13・0％に対して、それよりも「かなり高い」「差なし」「かなり低い」の三グループに分けた場合、北陸三県はいずれも「かなり高い」のグループに属することがわかる。むろん「かなり高い」が北陸三県だけというわけではなく、東北地方や北関東、新潟県、岐阜県、そして西日本のいくつかの県にも見られるが、全国四七都道府県の中で「そう思う（はい）」の回答率が最も高かったのが福井県であった。福井県の26・9％（石川県は20・

9％、富山県は18・4％）は全国平均の13％の約二倍であり、石川・富山両県と比較しても高く、方言区画で近畿方言に含まれる敦賀市以南の嶺南地方を除いた嶺北地方だけの回答率はさらに高い28・9％となり、福井県内でも県庁所在地の福井市を含む嶺北地方の人々の方言に対するマイナス意識が浮き彫りとなった。つまり、この結果からは、北陸地方が全国的に見て自分たちの方言を「恥ずかしいと思う」「好きになれない」人の多い地域であることが見えてくるのである。

本節の冒頭でも言及した全国一四地点言語意識調査で対象とされた都市は、北から札幌・弘前・仙台・東京・千葉・松本・金沢・大垣・京都・広島・高知・福岡・鹿児島・那覇である。この調査から二五年あまりが経過して、やや古いデータではあるが、その後、同様の調査項目と方法で全国を見渡せる言語意識調査が行われていないので、本書ではその結果を紹介することとする。

2　方言好感度の全国一六地点比較の中の北陸

全国一四地点言語意識調査の結果をもとに最初に刊行された言語編集部（一九九五）で、筆者は金沢市の男性ネイティブ三世代（高校生・活躍層〈二五～四〇歳〉・高年層〈六〇歳以上〉）の言語意識について第一次の分析を試みた。この内容に興味を持った筆者の金沢大学での卒業論文指導学生三名が、金沢市との比較を目的として、それぞれの出身県で同じ項目、同じ被調査者の条件（ネイティブ三世代の男女二五名ずつ）で調査を実施し、卒業論文を執筆した。

調査地点は、三谷真須美（一九九七）（「方言意識から見た福井県方言の位置」金沢大学教育学部 平成八年度卒業論文）が福井県の福井市・勝山《かつやま》市・小浜市、谷沢香織（一九九八）（「北陸地方における方言意識の研究」金沢大学教育学部 平成九年度卒業論文）が富山県の富山市・高岡市・魚津《うおづ》市（高校生のみ）、諸谷志奈子（二〇〇〇）（「石川県方言話者における言語意識」金沢大学教育学部 平成一一年度卒業論文）が石川県の金沢市（筆者の調査との比較のため女性五〇名）・穴水町《あなみず》・小松市であった。

ここでは、先のＮＨＫの調査結果も踏まえつつ、全国一四地点言語意識調査の結果と筆者の指導学生三名の調査結果から、「自分の方言が好きか」という項目について、他の一三地点と比較しての北陸三県の県庁所在地の方言好感度について考察する。

図８・図９は金沢市・福井市・富山市におけるネイティブの方言に対する好感度（「あなたは〈金沢・福井・富山〉弁が好きですか」に対する回答）と、地域に対する好感度（「あなたは〈金沢・福井・富山〉が好きですか」に対する回答）を世代別に示したものである。

図８では、とりわけ福井市における「好き」の回答率の低さ、「嫌い」の回答率の高さが目立つ。加藤（一九九五）では、全国一四地点の中で金沢市の「好き」の回答率が大垣・千葉に次いで低いこと、北陸の中核都市である金沢市ネイティブの方言への好感度・愛着度が全国的に見て低いことを指摘したが、富山市・福井市がさらにそれを下回る結果となった。その順序は、先述のＮＨＫ調査の「地方なまりが出るのは恥ずかしいと思うか」の問いに対する回答率とも照応する。そして、図９の地域好感度の結果と比較すると、金沢市は地域好感度が極めて高いのに方言好感度は高くない街、福井市は地域好感度も方言好感度も低い街、富山市は両意識ともその中間に位置する街ということがわかった。

福井市ネイティブの自分の方言に対する好感度の低さの背景には、図９に見える地域に対する好感度の低さとともに、福井県嶺北地方（福井市を中心に北の坂井市、南の鯖江《さばえ》市・越前《えちぜん》市と、その周辺地域）の人口集中地域に分布する無アクセント（語や文節にアクセントの決まりがない）という特徴が影響していると考えている。無アクセント地域の

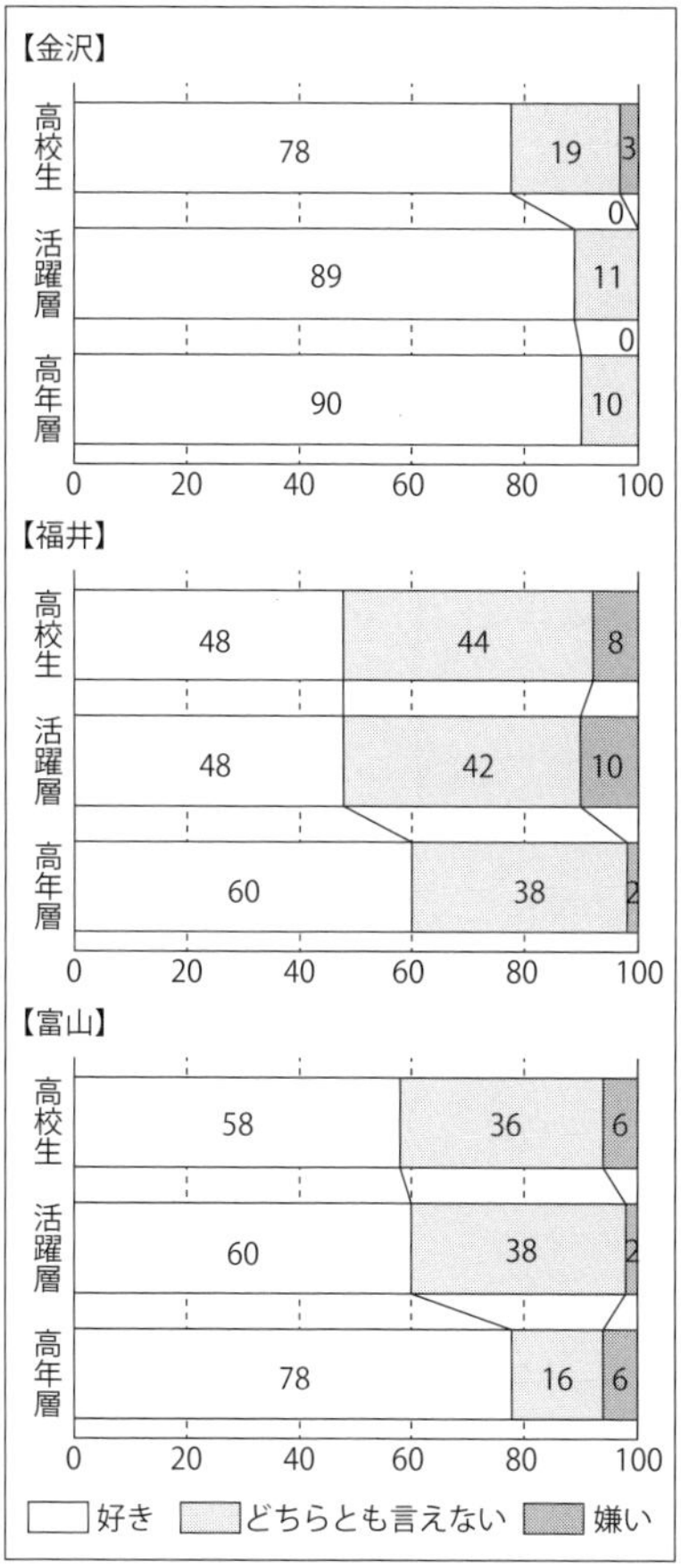

図9　地域好感度
（金沢市・福井市・富山市）

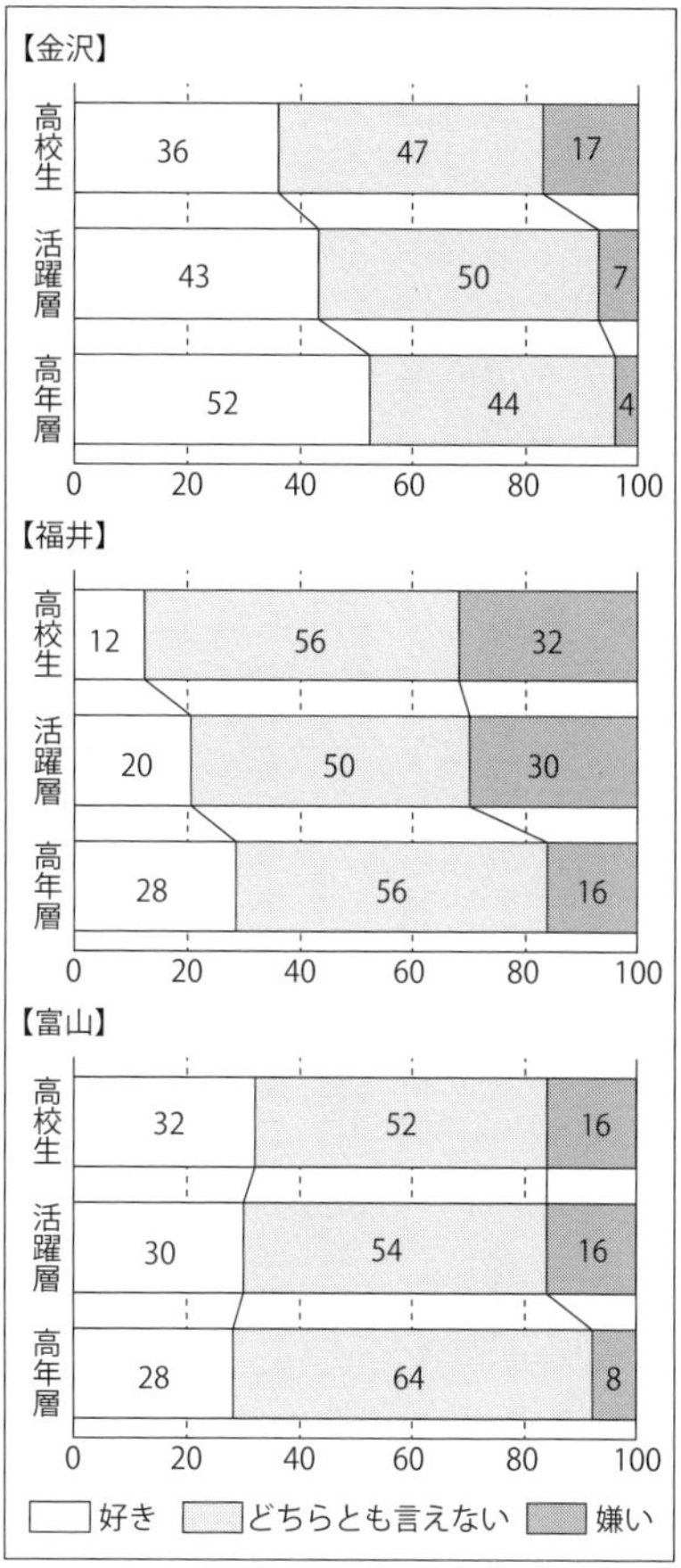

図8　方言好感度
（金沢市・福井市・富山市）

人たちは一般に抑揚がなく平板な話し方になりやすいが、そうしたアクセントの特徴を自覚している人は少なく、形だけ共通語にすれば問題ないと思っている人が多い。そこで、他地域の人から話し方に特徴があることを指摘されてもその理由がわからず、筆者が言う「謂《い》われなきコンプレックス」を感じている人が多いのである。

全国一四地点言語意識調査に福井市・富山市を加えた一六地点での「自分の方言が好き」の三世代平均回答率を高い順に並べると、次のようである。

1位	松　本	(85%)
2位	那　覇	(83%)
3位	弘　前	(75%)
4位	福　岡	(75%)
5位	札　幌	(66%)
6位	高　知	(64%)
7位	鹿児島	(61%)
8位	広　島	(60%)
9位	京　都	(57%)
10位	仙　台	(53%)
10位	東　京	(53%)
12位	金　沢	(44%)
13位	千　葉	(37%)
14位	富　山	(30%)
15位	大　垣	(29%)
16位	福　井	(20%)

この順位からは、全国的に見た場合の北陸地方ネイティブの人々の自分の方言に対する好感度の低さが、改めて見えてくるのである。一九八〇年代から一九九〇年代にかけて全国的に方言の見直しが本格化し、生活語以外の部分での方言活用も進む中、北陸地方でそのような動きが低調だった背景には、図8に現れているような方言好感度の低さが影響していたと考えるのも、あながち的外れとも言えないだろう。

なお、宮下梨乃(二〇一六)(「福井市における方言意識の変容」金沢大学人間社会学域国際学類 平成二七年度卒業論文)では、県庁所在地の福井市における三谷真須美(一九九七)の調査から約二〇年を経過しての言語意識の変化を明らかにしている。先に見た方言好感度（「あなたは〈福井〉弁が好きですか」の問いへの回答）については、「好き」の回答が高校生で18ポイント、活躍層で40ポイント、高年層で26ポイント増加しており、北陸三県の県庁所在地の中では「好き」の回答率が最も低かった福井市でも好感度のアップが確かめられた。ただし、福井市でこの結果ということは、他の地点での好感度もアップしていることが予想され、相対的な順位にはあまり変化がないのではないかと予想している。

コラム❸

中学生と福井方言(1)　学校教育の現場から

私「授業を始めます。では、録音スタート！　Ａ！」
生徒「柿　柿を食べる。　柿　柿を食べる。」
私「Ｂ！」
生徒「牡蠣　牡蠣を食べる。　牡蠣　牡蠣を食べる。」
…合図に合わせて、テレビモニターに写る文字を生徒たちが手にしたタブレットのマイク部に向かって読み上げていく。「雨・飴」「箸・橋」と続けていく。予想していたより、発音に戸惑う様子もない。クラスが一斉に読み上げているため正確には確認できないが、東京式アクセントのようにも聞こえる。
私「録音ストップ！　さぁ、今日は、何の授業だと思いますか。そう、方言です。」
二〇二一年一一月、勤務校の一年生クラスで「方言と共通語」の授業を行った。両者の違いを学び、方言の現代的価値や役割について考えながら、優れた自己表現ツールとして方言に親しむ態度を育てたい。この日は、その一回目、自分たちの方言使用の実態を踏まえて、福井県嶺北《れいほく》地方方言の特徴を理解していく。
「生き抜く力を育む」という理念の下、学習指導要領の改訂に伴い、「主体的・対話的で深い学び」と「情報活用能力(ＩＣＴ活用能力)」がクローズアップされてきた。私自身が大学の卒業論文で取り組んだ福井の方言について、生徒たちにもその魅力を感じてもらいたい。それには、福井方言とはこういうものですよと一方的に知識を与えるのではなく、自分たちで内省的に実感として方言の特徴を捉えさせることが大切だと考えた。ＩＣＴツールは、生徒が主体的に楽しみながら活動に取り組むのに大変有効だろう。

「「方言」ってなんやろ〜。ウチらの方言について知ろっさ。」

…本日のテーマを板書したところで、まずは「語句・表現」「文末表現」について自分たちの使用実態を捉える。映像資料を見てもらった。ＮＨＫ教育番組「にほんごであそぼ」の一コーナー、各地のお国言葉で「メロスは激怒した」のワンフレーズを地元話者が語る。これは、NHK for School という教育サイトで閲覧可能である。

石川県の「メロスはまんでごーわいたぞ」に続いて福井県。いったん映像を止めて「何て言うかな。」とクイズにすると、生徒たちは嬉しそうに口々に予想を立てた。鯖江《さばえ》市の高齢男性が「メロスはひでぇ怒ったんやでの〜。」という映像が流れると、「あ〜、そうかぁ〜。」と笑いながら頷いていた。

次に地元方言のイメージをもたせた上で、タブレットのホワイトボード機能を用いて自分が知っている地元の方言を書かせる。モニターに回答が表示された生徒に一言解説をさせた。

【つるつるいっぱい】【〜しねや】【かぜねつ】【おっとろっしゃ】…他の生徒も頷く「ザ・福井弁」的なものから、祖父母世代から聞いたのだろうな、よく知っているなと思うものまで様々に出た。

そこで次に、デジタルアンケートアプリを使用して簡単な方言調査を行った。「オチョキンの意味を知っているか。」、「(どこにも)いないという意味でエンを使うか。」といった設問にタブレットで回答すると、瞬時に回答結果や割合が集計される。設問項目は、大学の卒業論文で行った嶺北地方のグロットグラム(線上の調査地域で地域差と世代差を掛け合わせた調査方法によって描かれた図)調査を参考に作成した。

約二〇年前の結果が現在ではどうなっているか、個人的にも興味があった。かつてのグロットグラムと自動作成された円グラフを照合しながら、衰退していったもの、いまだ健在なものなど、一口に方言といっても語彙《ごい》レベルで様々な使用実態があることを生徒たちと確認していくことができた。

次に「発音の違い」について。二〇〇〇年にＮＨＫで放送された、全国の方言を各県ごとに特集した番組「ふるさとと日本のことば」の福井県の回を見せる。高齢女性とタクシー運転手の会話から「ゆすりイントネーション」（会話の文節末で、上下にうねるようなイントネーション。最近は「間投《かんとう》イントネーション」とも）について解説すると、生徒たちにとっても聞き馴染みのある様子、ただし、自身で使っている自覚はほぼなかった。全国で北陸地方だけの特徴と知ると、大変興味深そうにしていた。

次に、カキやアメのアクセントに一貫性のない夫婦、ハシ（橋・箸）のアクセントを聞き分けられない女子高生の様子を見せると、生徒たちは、授業冒頭の活動はこの「無アクセント」と言われる特徴の実態調査だったことを理解した（意識して普段と異なる不自然な発音にならないよう配慮し、授業のテーマも紹介せずに行ったのであった）。

そして、四～五名のグループになり、先ほど録音したものを聞き合いながら、尾高《おだか》型・平板《へいばん》型などアクセントを確認させた。初めての経験のため、上手く聞き分けられない様子もあったが、人差し指の指先を上下させながら楽しそうに互いに聞き入っていた。巡回すると、無アクセントの特徴をはっきり確認することもできた。番組にあった、なくても通じるものならなくそうというアクセントの歴史から見れば、〝最先端の状態〟という解説は、現在の中学生にとっても、自分たちの方言に対する新鮮な気づきを与えたようである。

授業の最後に、一九九五年の言語意識調査による県内話者の方言に対する好感度の低さや方言コンプレックスについて触れ、本時の感想等を書かせた。

「自分たちが使っている方言について、詳しく理解することができた。」、「きっと知らないから、家に帰って親に教えてあげたい。」といったものとともに、「私は自分が使っている福井の言葉が好きだ。だから、以前は嫌いだと思っている人が多かったことに驚き、なぜかなと思った。今日の授業を受けて、これからももっと方言を使っていきたいと思った。」といった趣旨の感想が多くあった。

メディアの多様化等に伴い、彼らに人気の都会的で流動性の激しい若者言葉と同じくらい、現在は生活語以外の場面での全国各地の方言の商業的活用や娯楽化の例もあふれている。授業を終えて、この子たち中学生の世代は、今後、方言に強いこだわりもないかわりに、特にコンプレックスもなく気楽に方言使用を楽しめるような世代になっていくのではないかと感じた。そうであれば、それはとても素敵なことであるように思われた。

（髙谷直樹）

コラム❹

民間語源に支えられた方言

福井県内で使われていた方言の中には、正式な語源＝学者語源に対して、地域の人たちが作り上げた語源である民間語源（「語源俗解《ぞくかい》」とも）が定着している場合がある。たとえそれが正しい語源でなくても、使っている人たち自身が納得できる語源であることで、その方言の使用・分布を支えていたと思われるものがある。そんな例のいくつかを紹介する。

(1) つらら（氷柱）のタルキ

以前嶺北《れいほく》地方に広く分布した「つらら」を指す方言形タルキは、かつての中央語（京都語）「たるひ（垂氷）」に由来し、平安時代の『枕草子』にも「日ごろ降りつる雪の、今日はやみて、風などいたう吹きつれば、たるひいみじうしだり」の用例が見られる。

ところが、京都から北陸に「たるひ」が文字を介さずに伝播《でんぱ》する過程で、「たるひ」の語源を知らない人たちが、発音の類似から「屋根を支えている垂木(たるき)の先に下がるからタルキと言う」との民間語源を生むことになり、その語源意識に支えられて嶺北地方では(さらには石川県加賀《かが》地方にまで)タルキが広く分布するようになったと考えられる。

(2)「かめ虫のジョロムシ、オガムシ」

嶺南《れいなん》地方でも若狭《わかさ》地方の周辺部にあたる旧上中《かみなか》町の熊川《くまがわ》や旧三方《みかた》町・小浜《おばま》市の沿岸部、旧名田庄《なたしょう》村の一部で「かめ虫」のことをジョロムシという地点があったが、話者からは「ジョロジョロ這うからジョロムシという」といった民間語源が聞かれた。

実はジョロムシのジョロは身分の高い女性を指した「上臈《じょうろう》」に由来する。「かめ虫」のような嫌な臭いを出す虫や、人に害を及ぼす虫などに、あえて良い名前を与えてその害から逃れようといった例は方言の世界でよくあることである。その語源がわからなくなった結果、「ジョロジョロ這うからジョロムシという」という民間語源が生まれたものと思われる。

また、若狭地方の高浜町を除く広い範囲で「かめ虫」の方言形オガムシ、オガの分布が見られ、これは「拝《おが》むようにする」ことでかめ虫の嫌な臭いから逃れるという俗信に由来するが、そうした俗信との関係が忘れられた結果、オガムシ、オガのオガは、悪い臭い、つまり「悪香《おが》」の意味だとの民間語源を生み、それを説明してくれた話者も少なくなかった。

(3) ものもらい（麦粒腫）のメボ、メイボ、メーボ

瞼《まぶた》の縁に小さくできることのある「ものもらい」を指す方言は、福井市以北の嶺北北部と奥越《おくえつ》の嶺北東部方言地域のメモライと、丹南《たんなん》地域の嶺北南部方言と嶺南方言地域のメボ類（メボ、メイボ、メーボ）の二種類が分布していた。

このうちのメボ類については、「ものもらい」の「他人から何か品物をもらうと治る」という俗信に由来する呼称「目陪堂《めぼいと》」（「陪堂《ほいと》」は「乞食《こじき》」の意味の古語。方言としては中国地方に広く分布した）の下略形であると考えられている。メボイトの下略形メボが京都で生まれ、京都の周辺部に分布を広げる過程で、「目の疣《いぼ》」という民間語源が生じ、それを背景に新たにメイボ、メーボという方言形が生まれたと考えられる。

（加藤和夫）

写真２

「ようござんした ちょっといっぷくさんせ」

おおい町コンビニ駐車場看板「ようござんした」は〈よくいらっしゃいました〉、「いっぷくさんせ」は〈ひと休みなさいませ〉の意味。

写真３　「見ておっけのお！」

鯖江市 道の駅西山公園売店内キャッチコピー「〜ておっけ」は〈〜てください〉の意味。

写真４

「つるつるいっぱい FUKUI CITY GUIDE」

福井市観光ガイドのネーミング「つるつるいっぱい」は〈液体が容器にあふれんばかりに入った状態〉を指す。

第三章　福井県方言の概説

本章では、加藤和夫(一九九二)などを主に参考にしながら、まず福井県内の方言の地域差と特徴を概観し、次に嶺《れい》北《ほく》方言の特徴については筆者の出身地である越前《えちぜん》市方言、嶺南《れいなん》方言の特徴については筆者が以前調査に関わった美浜《みはま》町方言を例に紹介する。あわせて、福井県方言の研究史についても簡単に紹介する。

一　県内の地域差の概観

前章第二節で紹介したように、福井県の方言は、東條操の方言区画で本土方言を東部、西部、九州の三つに区分したうちの西部方言に属する。しかし、その下位区分としては、同じ県でありながら、ＪＲ北陸本線の北陸トンネルが下を貫く木ノ芽《きのめ》山嶺《さんれい》を境に、北の嶺北地方は北陸方言、南の嶺南地方は近畿方言という別の方言区画に属することに注意したい。

このことは、北陸地方がかつての中央語地域(京都を中心とした近畿地方)の言葉の影響を長く受け続けてきたことと、特に嶺南地方の方言がその地理的位置からも近畿方言、中でも京都方言の影響を強く受けてきたことを示すものである。

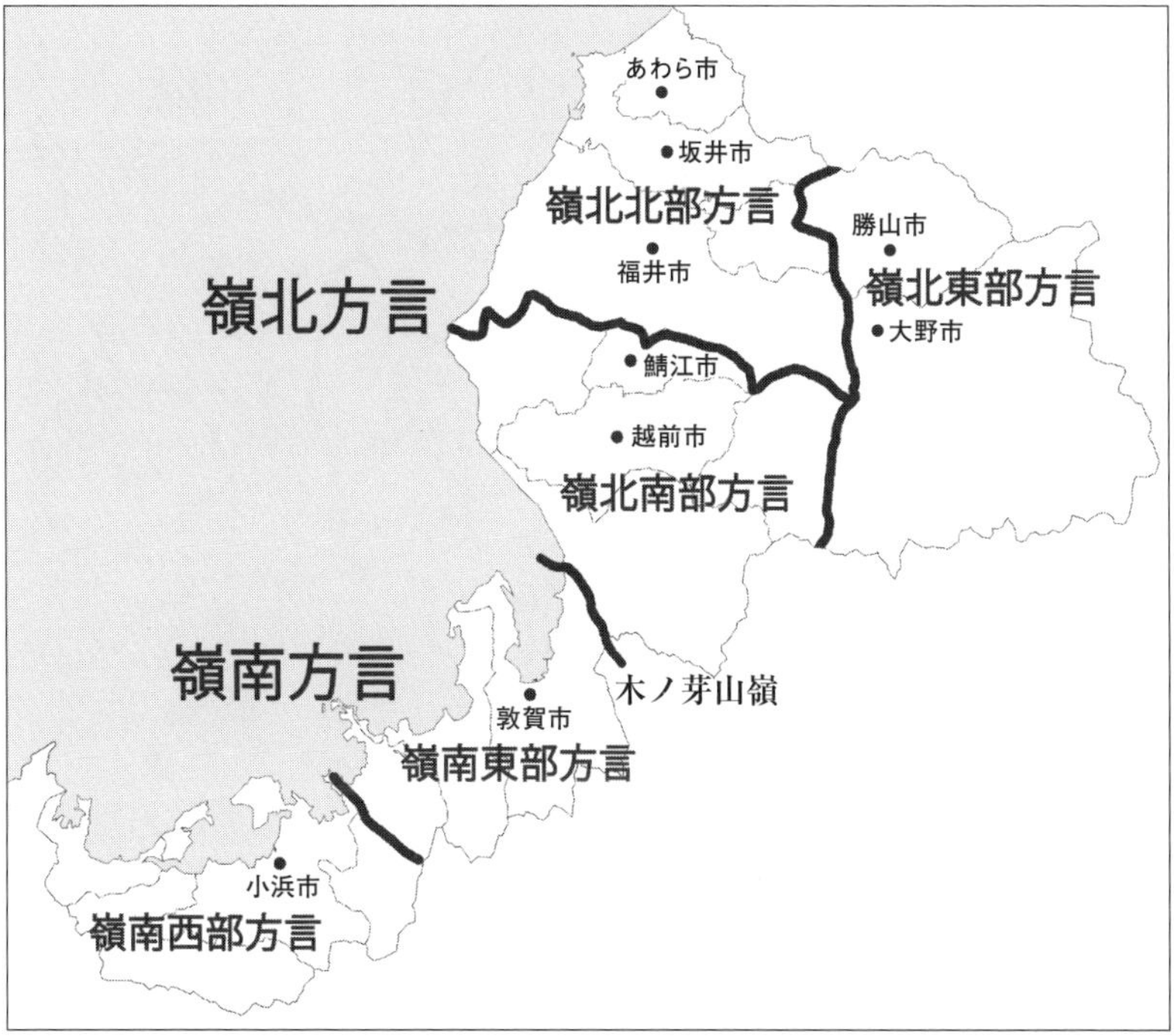

図10　語彙を中心とした福井県の方言区画図

図10は筆者が作成した福井県の方言区画図であるが、これは語彙《ごい》の地域差を中心としたものである。福井県の方言はまず大きく北陸方言に属する嶺北方言と、近畿方言に属する嶺南方言に分かれる。

嶺北方言はさらに、嶺北北部方言、嶺北南部方言、嶺北東部方言の三つに下位区分できる。嶺北北部方言は、県庁所在地の福井市と北の坂井市、あわら市の範囲、嶺北南部方言（丹南《たんなん》方言とも）は鯖江《さばえ》市、越前市のほか、丹生《にう》郡越前町、今立《いまだて》郡池田町、南条《なんじょう》郡南越前町の範囲、嶺北東部方言（奥越《おくえつ》方言とも）は勝山《かつやま》市、大野市の範囲を含む。

嶺南方言は、嶺南東部方言と嶺南西部方言の二つに下位区分できる。嶺南東部方言は、敦賀《つるが》市と旧三方《みかた》郡美浜町・三方町の範囲、嶺南西部方言は、小浜《おばま》市と旧遠敷《おにゅう》郡上中《かみなか》町、現大飯《おおい》郡高浜町・おおい町の範囲を含む。

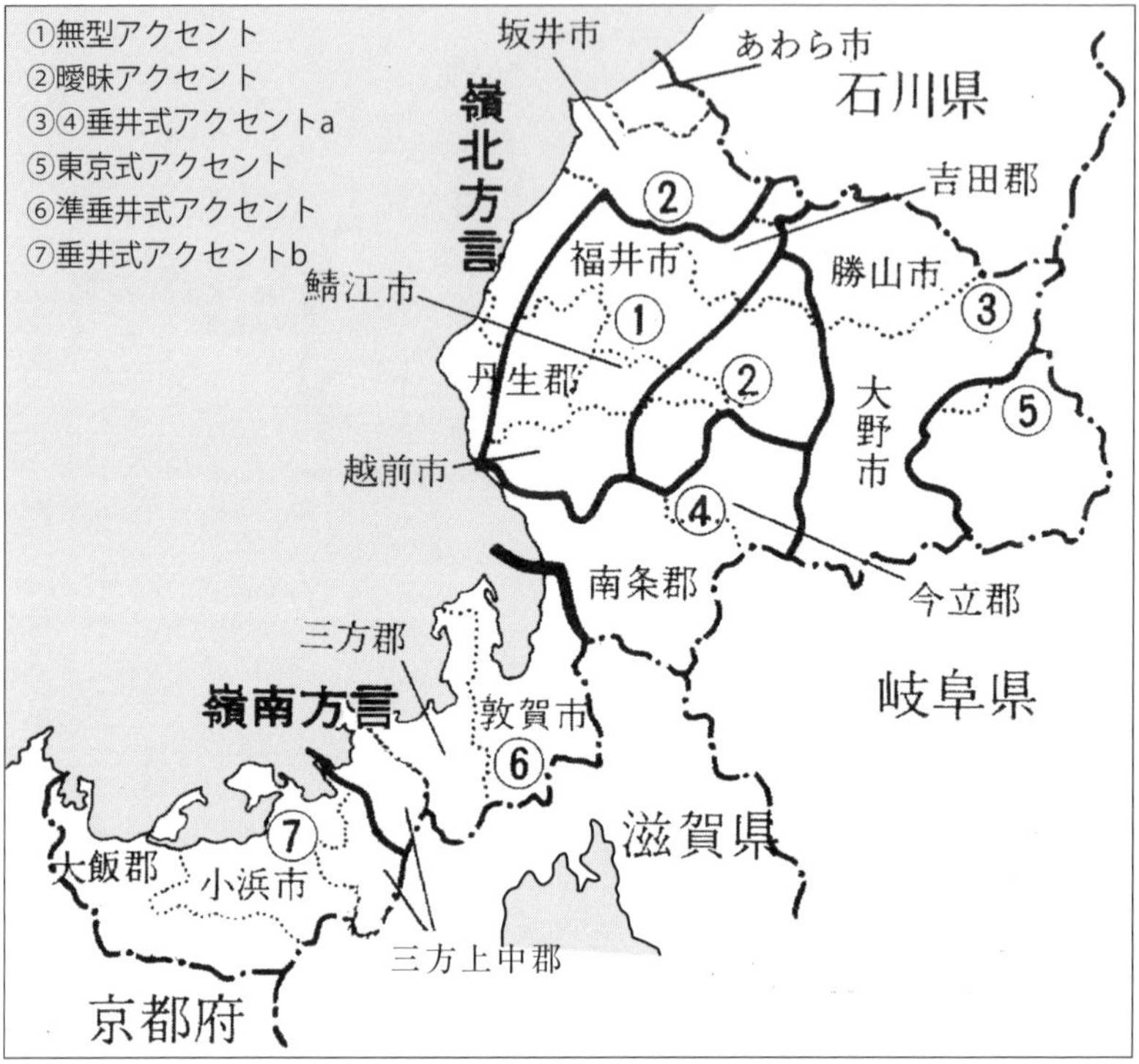

図11　アクセントによる福井県の方言区画図

一方、図11は奥村三雄(一九六一)に載るものを参考に筆者が書き改めたもので、福井県内の方言アクセントの差異に基づいた区画図である。特に嶺北地方は無型《むけい》・曖昧・垂井《たるい》式・準《じゅん》垂井式・東京式等の各種アクセントが混在する複雑な様相を呈することで知られる。

平山輝男(一九五一)(一九五三・一九五四)、奥村三雄(一九六一)などによれば、その分布は、概ね以下のようになる。

まず嶺北方言のアクセントは、

①無型アクセント(「無アクセント」とも)　語や文節についてアクセント規則を有しないもの。福井市・鯖江市・越前市に丹生郡東部の範囲。

②曖昧アクセント　平山輝男(一九五三)が特殊音調としたもので、アクセント規則に「ゆれ」を示すことがある。①を取り

囲む坂井市・あわら市・福井市および丹生郡の越前海岸沿岸部の範囲。

③④垂井式アクセントa　京阪式アクセントに準ずるもので、松倉昂平（二〇二二）によれば、二拍名詞の類別体系が1・4類＝平板板型／2・3・5類＝頭高型となると言う。③勝山市と大野市、④今立郡池田町と南条郡の範囲。

⑤東京式アクセント　九頭竜ダム建設に伴い今はほとんどの集落が水没した旧大野郡和泉村の範囲。

それに対して嶺南方言のアクセントは、

⑥準垂井式アクセント　垂井式に似たアクセント。敦賀市、旧三方郡美浜町・三方町の範囲。

⑦垂井式アクセントb　前記③④に対して、京阪式アクセントの一種ではあるが、高起《こうき》式・低起《ていき》式の区別がないもの。小浜市、旧遠敷郡上中町、大飯郡おおい町・高浜町の範囲。

なお、一九八〇年頃から杉藤美代子（一九八二）や佐藤亮一（一九八三）（一九八八）によって、従来、無型アクセントとされてきた①の福井市内の高年層話者に多型《たけい》アクセント話者の存在が報告され、近年では、新田哲夫（二〇一二）、松倉昂平・新田哲夫（二〇一六）、松倉昂平（二〇一八）（二〇二二）などで、②のあわら市、坂井市や越前海岸沿岸部で二型アクセントや三型アクセントといったN型アクセント（上野善道（一九八四）（二〇一二）で提唱されたアクセント体系の一類型。上野（二〇一二）で「アクセント単位の長さが増えても、対立数が一定数（N）以上に増えていかない体系」と定義される）の存在が報告されている。

嶺北方言が北陸方言、嶺南方言が近畿方言という異なる方言区画に属することからも、音韻《おんいん》、アクセント、文法、語彙などにおいて、嶺北地方と嶺南地方の境（南条郡と敦賀市の境）に多くの等語線《とうごせん》（語の境界線）が走る。語彙分布の例を挙げると、タルキーツララ・ナンリョー〈氷柱〉、メ（ー）ローオナゴ〈女〉、クドイーカライ〈塩辛い〉、ナンキンーカボチャ〈南瓜〉、イルーオル〈居る〉などがあり、「ー」の上の方言形が嶺北方言、下の方言形が嶺南方言の代表形となる。なお、嶺南地方東部の敦賀市と旧三方郡の方言は、その地理的位置からも嶺北方言と嶺南西部方言の中間的特徴を示すこともある。

以下では、県内方言の代表的特徴について、嶺北方言を中心に示し、適宜、嶺南方言との差異についても触れる。

音韻面では、まず母音についてア・オ・ウは共通語とほぼ同じで、ウは唇の丸めがない平唇《へいしん》の[ɯ]であるが、嶺南方言のそれは嶺北方言に比べてやや唇が丸くなる発音も聞かれる。イは嶺北方言の高年層で語頭《ごとう》のエとの混同が語的に見られたほか、アイタ〈飽きた〉のように、アに後接する語中尾《ごちゅうび》でイの舌の位置がやや下がり、エとの中間音に近く発音される傾向があったが、今はそのような特徴も薄まりつつある。母音の無声化は、嶺北方言では共通語とほぼ同じ音環境で口の開け方が狭いイ・ウに起こりやすいが、嶺南方言（特に嶺南西部方言）では無声化はあまり目立たない。連母音《れんぼいん》の融合については、嶺北方言でアイの場合に、形容詞を中心にナゲー〈長い〉、ネー〈無い〉、エレー〈「つらい」の意味のエライの変化形〉のような発音が聞かれるほか、オイについても語的に、ヒデー〈ひどい〉、オセー〈遅い〉のような発音になることがある。

子音の特徴としては、かつて嶺南地方の三方郡の一部で古い発音の合拗音《ごうようおん》と呼ばれるクヮ、グヮが聞かれたとの報告があるが、現在では福井県下でそれを確認することはできない。コソアドのソ系のソレ、ソノ、ソコ、ソシテ、ソ（ー）ヤなどのソがホとなって、ホレ、ホノ、ホコ、ホイテ、ホ（ー）ヤのようになる。サ行・ザ行のセ・ゼは高年層で古音《こおん》（中世末期までの京都語の標準的発音）のシェ、ジェが聞かれたが、現在ではほとんど聞かれなくなった。語中尾のガ行子音は、嶺北方言では鼻濁音《びだくおん》（鼻にかかったガ行音）であったが、三〇歳代以下の若年層では鼻濁音が衰退しており、嶺南方言では高年層も含めて鼻濁音はほとんど聞かれない。

特殊拍《とくしゅはく》と呼ばれる撥音《はつおん》（ン）、促音《そくおん》（ッ）、長音《ちょうおん》（ー）のうち、長音については共通語に比べて長さが不安定で、三拍以上の語では、ガッコ〈学校〉、ワロタ〈笑った〉のように長音が脱落することがある。一拍名詞の母音が伸びてキー〈木〉、ヒー〈火・日〉、メー〈目〉のように発音する傾向は、古代日本語を受け継ぐ西日本方言に共通の特徴として嶺北方言・嶺南方言ともに聞かれたが、若年層では衰退しつつある。

イントネーションについては、従来「うねり音調」「ゆすりイントネーション」と呼ばれた、全国的にも北陸三県のみに聞かれる特徴的イントネーションが嶺北方言・嶺南方言ともに聞かれる。新田哲夫（一九八七）などによれば、学校文法で言う「文節」の切れ目（言いさしの場合は文末に現れることも）に現れることができ、例えば、「いまー／足《あす》羽《わ》山《やま》の桜がー／満開やでー／見に来ねー」といった文では、「／」の部分で聞かれることがある。「／」部分のイントネーションは、「満開やでー」を例にすると、「や」の部分から上昇して「で」の部分で伸びながら下降し始め、下降の途中で一度くぼんで最後に小さく上昇するという複雑なものである。このイントネーションは、話がまだ続くことを示したり、相手の注意を引きつけたりする場合、その文節末に挿入される共通語の間投助詞「ね」の役割と似ているところから、最近は「間投《かんとう》イントネーション」と呼ばれる。

次に文法的特徴について見る。

まず動詞の活用から。

否定形はンで、書カン、起キン、セン、コンのようになる。嶺南方言ではンのほかに、ヘン、ヤヘン（書カヘン、見ヤヘン）、セン、ヤセン（書カセン、見ヤセン）も聞かれる。否定の過去表現は、伝統方言では嶺北方言・嶺南方言とも、カカナンダ〈書かなかった〉、ミナンダ〈見なかった〉、コナンダ〈来なかった〉のようにナンダが使われたが、今では中年世代以下で、近畿地方から広がったネオ方言形（方言が共通語の干渉を受けて生まれた方言と共通語の中間スタイル）の影響で、書カンカッタのようなンカッタの使用が拡大している。

タ形・テ形では、嶺北・嶺南方言とともに、共通語には存在しない西日本方言と同じコータ〈買った〉、モロタ〈貰った〉のようなアワ行五段動詞のウ音便《おんびん》が使われたが、若年層では共通語化（促音便《そくおんびん》化）しつつある。

ほかに、高年層嶺北方言では、これも共通語に存在せず西日本にしか存在しなかったオトイタ〈落とした〉、ダイタ〈出した〉などのサ行イ音便も聞かれるが、嶺南方言、特に美浜町以西ではサ行イ音便はほぼ消滅した（筆者の若狭地方一八二地点での分布調査では、鯖街道《さばかいどう》の宿場町熊川《くまがわ》に近い旧上中町河内《こうち》のみで使用を確認）と考えられる。

仮定形は、カキャー〈書けば〉、ヨミャー〈読めば〉などの形のほか、カイタラ、ヨンダラのようにタラも用いられる。

意向形は、カコー〈書こう〉、オキヨー〈起きよう〉、ショー〈しよう〉、コー〈来《こ》よう〉となり、これらの末尾長音が脱落する場合も多い。

命令形では、共通語と同じ形のほか、ハヨ　イコー〈早く行け〉のように意向形が命令形としても使われる。ほかに、ハヨ　カキネー〈早く書きなさい〉のように、「～なさい」からの変化形であるネーが付いた優しい命令表現も盛んに用いられる。ネーは「～なさい」がナハイ→ナイ→ネーと変化した形である。

なお、ネオ方言と言えば、例えば「行けなくなる」だと、伝統方言ではイケンヨンナッタのような形が使われたが、現在ではイケンクナッタのように伝統方言の否定のンに共通語形のクナッタが結びついた～ンクナッタが主流となりつつある。

動詞「死ぬ」は、高年層では県内全域で基本形がシグとなりガ行に活用したが、これも今では共通語化が進んでいる。存在動詞は嶺北方言がイル（嶺北東部方言では稀にオルが使われる場合も）、嶺南方言がオルとなるため、その否定形は、嶺北方言のイン、エン、と嶺南方言のオランで対立する。

アスペクト表現（「アスペクト」とは、ある動作が今どの段階にあるかを表す文法形式のこと）の一つである「～ている」にあたる形も、存在動詞イルとオルの対立を反映して、嶺北方言が「～テル」、嶺南方言が「～トル」となる。「～てしまった」にあたる言い方は、嶺北方言では、「～テ（デ）シモタ」から変化した「～テ（デ）モタ」や「～テ（デ）ンタ」、さらに珍しいトゥ音が現れる「～トゥンタ」などが使われていたが、若年層ではイッツンタ〈行ってしまった〉、シンズンタ〈死んでしまった〉のように、「～トゥンタ」から変化したと思われる新方言形（共通語とは無関係に新しく生まれた方言）「～ツンタ」が使われている。

写真５　敦賀駅前の商業施設「otta（オッタ）」
〈居る〉の嶺南方言「オル」の過去形

形容詞の活用については、否定形は、嶺北方言ではネー〈ない〉が後接して、アコネー〈赤くない〉、タコネー〈高くない〉となるのに対して、嶺南方言ではアコナイ、タコナイのようにナイが後接する。ナルに続く形は、県内全域でアコナル〈赤くなる〉、タコナル〈高くなる〉のようになる。仮定形では、アカケリャ〈赤ければ〉のようなケリャのほか、アカカッタラ〈赤ければ〉の形も用いられる。基本形はアカイ〈赤い〉、サブイ〈寒い〉、サビシー〈寂しい〉となるほか、アケー〈赤い〉、ヒデー〈ひどい〉のようにアイ、オイが融合し長音化した形や、語的にオモッセー〈面白い〉、ウレッシャ〈嬉しい〉のような形も聞かれる。

ナ形容詞（学校文法の「形容動詞」）については、基本形はシズカジャ、シズカヤ〈静かだ〉のように語末がジャかヤにな

写真６　福井市の観光ポスター
〈〜て下さい〉の意味の「〜テンデ」

り、シズカジャロー、シズカヤロー〈静かだろう〉、シズカジャッタラ、シズカヤッタラ〈静かだったら〉、シズカデネー〈静かでない〉、シズカンナル〈静かになる〉、シズカナヒト〈静かな人〉、シズカナラ〈静かなら〉、シズカナリャコソ〈静かなればこそ〉のように活用する。ただし、現在ではジャの使用は高年層で稀に聞かれるのみで、嶺北方言・嶺南方言ともにヤとなっている。

敬語形式では、尊敬の助動詞に嶺北方言ではナサル、ナハル、ナルが広く聞かれる。例えば、ドコイキナサルンニェノ〈どこにいらっしゃるの〉、ジョーズニカキナハッタネー〈上手にお書きになったね〉、モーカインナルンケノ〈もうお帰りになるのかい〉のように使われる。嶺南方言の伝統方言では敬意の高いッシャル、ンスや、敬意が低いテヤ（テジャ、テデス）などが使われた。敬語動詞では、「行く、来る、居る」の尊敬語のオイデルがよく聞かれ、ほかに、嶺北方言の高年層では「ございます」にあたるゴゼンスが、アリガトゴゼンス〈ありがとうございます〉のように使われた。依頼の「〜てください」にあたる言い方では、嶺北方言では高年層で「〜トクンナサイ」「〜トクンナセー」、全世代で「〜テオッケ」「〜トッケ」が、福井市以北の高年層では「〜テンデ」も、嶺南方言では「〜テオクレ」が使われたが、嶺北方言の「〜テオッケ」「〜トッケ」、嶺南方言の「〜テオクレ」以外は、共通語化のために使われなくなりつつある。

指定・断定の助動詞には、ナ形容詞と同様にジャとヤがあり、嶺北方言では高年層でわずかにジャが聞かれるものの、ほとんどがヤとなり、共通語の「のだ」にあたる言い方でヤガンに後接する場合には、「行クンヤ」のほかに高年層で「行クンニャ」の形も聞かれる。一方、近畿地方に近い嶺南方言ではヤが圧倒的に優勢となる。推量の助動詞はジャロー、ヤローが用いられたが、こちらも嶺北方言・嶺南方言ともにヤローが圧倒的に優勢である。

特徴的な文末表現では、「〜だよ」に近い意味で、高年層でホヤトコト、ホヤトコトイヤ〈そうだよ〉のように、「〜トコト」「〜トコトイヤ」が聞かれ、同様の意味でホーナンヤッテ〈そうなんだって〉のようにヤッテ、そしてその丁寧形で、ホーナンデスッテ〈そうなんですよ〉のようにデスッテがよく聞かれる。

写真７　あわら市の生涯学習複合施設「金津本陣 IKOSSA」
〈行こうよ〉の意味の「イコッサ」

アスペクト表現の進行態《しんこうたい》と結果態《けっかたい》に関しては、西日本に多くみられる形式上の区別（例えば中国地方の方言だと、進行態が散りヨル、結果態が散ットルとなる）はなく、嶺北方言では二つの状態をいずれもテル（花が散っテル）で区別しない。嶺南方言でも進行態と結果態は区別しないで、どちらもトル（花が散っトル）で表現する。

助詞の類では、ミズ　ノム〈水を飲む〉、カサ　サイテク〈傘をさして行く〉のように、対象を表す格助詞《かくじょし》ヲは省略されることが多い。格助詞ガは名詞に後接して、アメァ　フッテキタ〈雨が降ってきた〉の傍線部のような発音になったり、アメ　フッテキタ〈雨が降ってきた〉のように脱落したりするのが一般的である。助詞ハも同様に、前に来る名詞に後接して、コドモァ　ショージキヤ〈子どもは正直だ〉、アタマ　イーケド〈頭はいいけれど〉のように音融合を起こしたり、助詞が脱落することも多い。

原因・理由を表す「から」にあたる助詞は、伝統方言では、アメ　フッテルサカイ、アメ　フッテルサケ〈雨が降っているから〉のように、嶺南方言でサカイ、嶺北方言ではサケが使われたが、中年層以下の嶺北方言では、愛知県方言の影響と思われるアメ　フッテルデ〈雨が降っているから〉のようなデに変化しており、さらに若い世代では近畿方言の影響を受けたシも使われ始めている。「ても、だって」にあたる助詞にカッテがある。ホンナコト　ユータカッテ　アカン〈そんなこと言ってもだめだ〉、アノヒトヤカッテ　イキタカッタンヤ〈あの人だって行きたかったんだ〉のように使われる。「けれども」にあたる逆接の接続助詞は嶺北方言でケド、嶺南方言でケンドとなる。

終助詞《しゅうじょし》では、嶺北方言でよく使われる「話し手の知識、思いを相手に伝えて相手にも共有、共感して欲しい」という気持ちを込めた「ザ」が、例えば、イッタラ　アカンザ〈行っては駄目だよ〉、コレ　ウマインニャザ〈これ、おいしいんだよ〉のように使われる。ほかに、命令表現に付いて意味を強める終助詞マがある。マは福井の嶺北方言だけでなく石川・富山両県でも使われる。勧誘の終助詞にはイコサ〈行こうよ〉のように以前はサが使われたが、今はサの前に促音が付いてイコッサ〈行こうよ〉のようにッサに変化している。

二　嶺北方言（越前市方言を中心に）

本章第一節で見たように、方言区画上の嶺北方言はさらに、嶺北北部方言、嶺北南部方言、嶺北東部方言に三区分することができる。ここでは、嶺北方言の一例として、嶺北南部方言に含まれる筆者の出身地である越前市（旧武生市）の伝統方言の特徴を見ることにする。

以下では、越前市方言の中でも、筆者の出身集落である越前市の西南部に位置する下中津原町《しもなかつはらちょう》方言を代表として、音韻・アクセント、語法・表現法の特徴を記述する。なお、下中津原町方言については、加藤和夫（一九九七）で否定表現の記述があり、また筆者がネイティブとして方言談話資料の解説・文字化・共通語訳を担当した国立国語研究所編（一九八〇）（一九八三）（一九八七ａ）（一九八七ｂ）がある。

1-1　越前市方言の音韻・アクセント　—音韻（音声）—

(1) 母音

①短母音《たんぼいん》　ア／イ／ウ／エ／オ

五母音については、単独・語頭《ごとう》・語尾に限らず、共通語の母音と異なる際立った方言的特徴は認められない。ウについても共通語と同様に唇の丸めがない平唇の [ɯ] である。ただ、イとエについては、嶺北方言全般の高年層方言の特徴に似て、共通語に比べるとイの舌の高さがやや低く、エは逆に舌の高さがやや高くなる傾向が見られたが、現在は高年層方言を含め、そのような特徴を見出すことは難しい。

②母音の無声化

母音の無声化現象（狭母音《せまぼいん》イ／ウが無声子音《むせいしいん》に挟まれたり、語頭で無声子音の前にあったり、語末《ごまつ》で無声子音に後接した場合に声帯が振動しなくなる現象）は共通語とほぼ同じ条件下で起こる。

③連母音《れんぼいん》

伝統方言では、嶺北方言に共通する特徴として、語的に連母音アイが融合（相互同化）して [eː] あるいはやや広口の

[ɛː]に近い音声となる。具体例としては、エレー〈偉い、つらい〉、イケー〈大きい〉などがある。

(2) 子音

以下では、共通語の子音と異なるものについてのみ取り上げる。

①セ／ゼ

一九三〇年生まれの筆者の父がそうであったように、伝統方言では、セ／ゼは、シェ／ジェと発音されたが、現在八〇歳代以下ではほとんど聞かれなくなっている。この発音は、中世末期頃までは京都を中心とした中央語の標準的発音だったとされるもので、現代方言でも北陸のほか、東北・中国・九州地方などの高年層でその古い発音が残っていたものである。

②語中尾のガ行子音

嶺北方言の伝統方言では、ほぼ全域で語中・語尾のガ行子音は鼻濁音となる。ただし、ガ行鼻濁音は越前市を含む嶺北方言では衰退に向かっていて、若年層では語頭・語中・語尾ともに鼻濁音とならない人が多くなっている。

③合拗音　クヮ／グヮ

当該方言では、平安時代に漢語の影響を受けて日本語に定着したとされる合拗音のうち、比較的後まで方言に残ったとされるクヮ／グヮは全く聞かれない。

④コソアドのソ系のホへの変化

嶺北方言全般の特徴でもあるが、コソアドのソ系のホへの変化が顕著である。ホ|ーヤ〈そうだ〉、ホ|レ〈それ〉、ホ|ノ〈その〉、ホ|ンナ〈そんな〉、ホ|イタラ〈そうしたら〉などがその例である。

(3)その他の音声現象

①一拍名詞の母音が長音化して、キー〈木〉、テー〈手〉、チー〈血〉、メー〈目〉となる。
②シがヒと交替している例が、ヒチ〈七〉、ヒナベル〈萎びる〉などに語的に聞かれた。
③破擦音《はさつおん》のツァ・ツォが、オトッツァン〈お父さん〉、ゴッツォ〈ご馳走〉などの特定の語で聞かれた。

1-2　越前市方言の音韻・アクセント ―イントネーション・アクセント―

(1)イントネーション

当該方言でも、北陸三県に特有の、文中の文節末で末尾音節が長音化して揺れるような間投イントネーションが聞かれる。

(2)アクセント

当該方言は図11の①の無型アクセントの地域に含まれるため、筆者も含めてアクセント規則の記述はできないので省略する。

2　越前市方言の語法・表現法

(1)動詞の活用

ここでは、表1に越前市下中津原町の高年層方言の動詞の活用表を示す。なお、ここに示す活用表の活用形の示し方は、学校文法で行われているものとは少し異なっている点に注意してほしい。

「基本形」とは学校文法の「終止形」「連体形」にあたり、ともに同形となる。「否定形」は「受身形」「使役形」と

表1　越前市方言の動詞の活用表

	動詞	基本形	否定形	受身形	使役形	連用形	た形	命令形	意向形	仮定形	可能形
五段	書く	カク	カカン	カカレル	カカス	カキー	カイタ	カケ、カコー	カコー	カキャ、カイタラ	カケル
	出す	ダス	ダサン	ダサレル	ダサス	ダシー	ダイタ	ダセ、ダソー	ダソー	ダシャ、ダイタラ	ダセル
	持つ	モツ	モタン	モタレル	モタス	モチー	モッタ	モテ、モトー	モトー	モチャ、モッタラ	モテル
	買う	カウ	カワン	カワレル	カワス	カイー	コータ	カエ、カオー	カオー	カヤー、コータラ	カエル
	飛ぶ	トブ	トバン	トバレル	トバス	トビー	トンダ	トベ、トボー	トボー	トビャ、トンダラ	トベル
	飲む	ノム	ノマン	ノマレル	ノマス	ノミー	ノンダ	ノメ、ノモー	ノモー	ノミャ、ノンダラ	ノメル
	取る	トル	トラン	トラレル	トラス	トリー	トッタ	トレ、トロー	トロー	トリャ、トッタラ	トレル
一段	見る	ミル	ミン	ミラレル	ミサス	ミー	ミタ	ミー、ミヨー	ミヨー	ミリャ、ミタラ	ミラレル
	寝る	ネル	ネン	ネラレル	ネサス	ネー	ネタ	ネー、ネヨー	ネヨー	ネリャ、ネタラ	ネラレル
カ変	来る	クル	コン	コラレル	コサス	キー	キタ	コイ、コー	コー	クリャ、キタラ	コラレル
サ変	する	スル	セン	サレル	サス	シー	シタ	セー、ショー	ショー	スリャ、シタラ	デキル

ともに学校文法の未然形に含まれる形である。表の最上欄の「五段」「一段」「カ変」「サ変」は、「五段」が五段活用動詞、「一段」が上一段活用動詞と下一段活用動詞、「カ変」がカ行変格動詞、「サ変」がサ行変格動詞を表す。

「否定形」は「動詞未然形＋ン」となる。否定過去は「動詞未然形＋ナンダ」となる。

「受身形」は表1の通り共通語と同じ形である。

「使役形」は伝統方言では五段活用型に活用するス・サスが接続する。五段動詞は、カカス、ダサスのように「未然形＋ス」、一段動詞・カ変動詞は、ミサス、ネサス、コサスのように「未然形＋サス」、サ変動詞はサスとなる。

「連用形」では、連用中止用法のほか、表1で連用形に付した「-」の後に、タイ、テー（願望）、ナガラや、敬語助動詞のナサル、ナハル、ナルなどが接続する。

「た形」は、いわゆる五段動詞で音便形の現れる形である。「て（で）」が続く「て形」も同じ形になる。例外的に一段動詞「落ちる」の「た形」はオチタ以外にオッタも聞かれる。

「命令形」には二つの形式がある。一つは表1の命令形の上に挙げた形で、五段動詞・カ変動詞は共通語と同じカケ、カエ、トレや、コイとなり、一段動詞・サ変動詞は共通語と異なるミー、ネー、セーとなる。もう一つはその下に挙げた意向形と同じ形になるものである。相手を促すようなニュアンスでの命令として用いられる。例えば、「ぐずぐずしていないで早く行け」の意味で「グズグズシテエント　ハヨ　イコー」と言うことができる。また、「〜なさい」に由来するネー（〜ナサイ↓〜ナハイ↓〜ナイ↓〜ネー）が付いたカキネー、カイネー、ミネー、キネー、シネーなどで、優しい命令となる。このうち、意向形が命令形としても使われる形を除いて、命令の意味を強めて「書く」の場合だとカケマ、カケヤ、カキネマ、カキネノ、カキネヤのようにマ、ノ、ヤの終助詞が付くこともある。

写真８　越前市内の立看板「気いつけねーの」
ー拍名詞の母音の長音化、優しい命令のネー

「意向形」として立てたのは、学校文法の未然

形に意志の助動詞「ウ・ヨウ」が後接した形である。

「仮定形」は、「書ケバ、見レバ、来レバ、すレバ」が融合変化したカキャ、ミリャ、クリャ、スリャなどの形と、カイタラ、ミタラ、キタラ、シタラなどの形がある。

「可能形」は、共通語の可能形（肯定）と同じように、五段動詞では可能動詞形、サ変動詞はデキルとなる。一段動詞・カ変動詞では、伝統方言は助動詞ラレルが付いたミラレル、ネラレル、コラレルが使われたが、最近では、俗に「ら抜き」と呼ばれるミレル、ネレル、コレルといった可能動詞形に変化している。可能表現の否定形は、五段動詞では可能動詞の否定形であるカケン、モテン、トベン、トレンが主に使われるが、高年層の一部では可能動詞化する前のカカレン、モタレン、トバレン、トラレンなどの形も聞かれる。一段動詞・カ変動詞でも、ミラレン、ネラレン、コラレンのほか、可能動詞形の否定形ミレン、ネレン、コレンを使う人も増えているが、肯定形に比べると前者の形が後者に比べて残っている傾向がある。嶺南方言の一部で確認できる異なる形式での能力可能と状況可能の使い分けは嶺北方言では存在しない。

(2)形容詞の活用

形容詞については、「高い」を例にその活用を示す。

基本形：タカイ〈高い〉、推量形：タカイヤロー〈高いだろう〉、否定形：タコナイ、タコネー〈高くない〉、連用形：タコナル〈高くなる〉、て形：タコテ〈高くて〉、た形：タカカッタ〈高かった〉、仮定形：タカケリャ、タカカッタラ〈高ければ〉、条件形：タカイナラ〈高いならば〉。

(3)ナ形容詞（学校文法の「形容動詞」）の活用

ナ形容詞については、「静かや」を例にその活用を示す。

基本形：シズカヤ〈静かだ〉、連体形：シズカナトコ〈静かな所〉、否定形：シズカデネー〈静かでない〉、連用形：シズカニナル、シズカンナル〈静かになる〉、推量形：シズカヤロー〈静かだろう〉、て形：シズカデ〈静かで〉、た形：シズカヤッタ〈静かだった〉、仮定形：シズカナラ、シズカヤッタラ〈静かなら、静かだったら〉。

(4) 助動詞・文末表現など

①敬語助動詞

写真９　北陸自動車道 女形谷パーキングエリアの看板
〈よくいらっしゃいました〉の意味の「よぅ～来なったの～」

尊敬の敬語助動詞に五段活用型のナサル、ナハル、ナルがある。センセーガ　キナサル／キナハル／キナル〈先生がいらっしゃる〉のように使われる。ナルよりも、ナサル、ナハルがやや丁寧である。ただ、敬語は共通語化が早く、これら方言の敬語は若い世代ではほとんど使われなくなっている。

丁寧の助動詞で動詞に付くものとしては、共通語と同じマスと伝統方言形にンスがある。マスは動詞連用形に付き、ンスは五段動詞の命令形（末尾母音《まつびぼいん》がエで終わる「行け」「読め」など）に付いて、イケンス〈行きます〉、ヨメンシタ〈読みました〉のように使われたが、ンスは現在は高年層を除いては使われていない。

②指定・断定の助動詞

越前市方言ではヤが使われ、それよりも古い形のジャはほとんど聞かれなくなった。〈行くんだ〉〈美味《うま》いんだ〉にあたる言い方も、イクンヤ、ウマインヤが一般的だが、高年層ではンにヤが後接する場合、イクンニャ、ウマインニャのようにニャの形も聞かれる。これは嶺北方言全般に聞かれる特徴である。

③推量の助動詞

指定・断定の助動詞に対応する形で、アシタ　アメヤロー〈明日は雨だろう〉、アシタ　クルヤロー〈明日来るだろう〉、ウミ　シズカヤロー〈海は静かだろう〉のようにヤローとなる。高年層ではジャローも稀に聞かれる。

④勧誘表現

勧誘表現としては、コトシコソ　オンセン　イコケノ〈今年こそ温泉に行こうよ〉のように動詞意向形＋ケノがあるが、ほかには、イッショニ　イコサ〈一緒に行こうよ〉、アシタ　オヒルニ　アオッサ〈明日のお昼に会おうよ〉のように、終助詞サ、ッサを用いて表現することも多い。

⑤アスペクト表現

進行態・結果態を区別せず、いずれも動詞の「た形」の「た」を除いた形にテル（デル）を付けて、書イテル、散ッテル、買《こ》ーテル、飛ンデル、飲ンデル、見テル、来テル、しテルのように言う。今にもその動作が行われようとしている状態はウゴキカケテル〈動きかけている〉、動作が始まるとウゴキダイタ、ウゴキダシタ〈動き出した〉と言う。

⑸助詞

ここでは越前市方言の代表的助詞を紹介する。同じ文法的意味の助詞に新旧で複数の形式がある場合は、先に伝統方言形、後に新しい方言形を挙げた。その下に各助詞の使用例を例と略記して示し、その後の〈　〉内に共通語訳を付した。使用例は全て下中津原町方言のものである。

〔原因・理由〕　サケ、デ　例アメ　フッテルサケ　イカントコ。アメ　フッテルデ　イカントコ〈雨が降っているか

〈行きたいけれど行けない〉。

〈逆接〉　ケド　例サブイケド　ガマンショー〈寒いけれども我慢しよう〉。イキテーケド　イカレン

ら行かないでおこう〉。

〈限定〉　シカ　例ヒャクエンシカ　ネー〈百円しかない〉。

〈同時〉　ナガラ　例アルキナガラ　タベル〈歩きながら食べる〉。

〈ごと〉　モテラ、ゴト　例ミカン　カワモテラ　タベタ〈みかんを皮ごと食べた〉。

〈ばかり〉　バッカ、バッカリ　例アソンデバッカ　イタラ　アカン〈遊んでばかりいては駄目だ〉。

〈勧誘の終助詞〉　サ、ッサ　例イッショニ　イコサ〈いっしょに行こうよ〉。ハヨ　タベヨッサ〈早く食べようよ〉。

〈終助詞「ねえ」〉　ノー（詠嘆）　例ホヤノー〈そうだねえ〉。

〈終助詞「よ」〉　ヤ　例マド　アケヤ〈窓を開けろよ〉。

〈終助詞「よ」〉　マ（命令の意を強める）　例ハヨ　セーマ〈早くしろよ〉。

三　嶺南方言（美浜町方言を中心に）

嶺南方言も方言区画上の下位区分で示したように、嶺南東部方言と嶺南西部方言でアクセントや語彙・語法などの分布に様々な違いが見られるが、ここでは嶺南方言の一例として、筆者らが二〇年ほど前に調査し、加藤和夫（二〇〇三b）で報告している内容に基づいて、三方郡美浜町方言の伝統方言の特徴を見ることにする。

以下では、美浜町中心部の河原市《かわらいち》方言を代表として、音韻・アクセント、語法・表現法等の特徴を記述し、河原市

方言との差異が見られる事象については、他集落の特徴(特に音韻・アクセントについては敦賀半島の先端に近い丹生《にゅう》方言の特徴)にも適宜言及する。

1-1 美浜町方言の音韻・アクセント —音韻(音声)—

(1) 母音

①1短母音 ア/オ/ウ

ア/オ/ウの三母音については、単独・語頭・語中に限らず、河原市方言・丹生方言ともに際立った方言的特徴は認められない。ただ、ウについては、嶺南西部方言に比べて平唇性が強く(唇の丸めが弱く)、共通語や嶺北方言に近くなる。

①2短母音 イ/エ

イ/エについては、単独・語頭・語中で、イがやや広口に、エがやや狭口《せまくち》になる傾向がある。河原市方言に比べ丹生方言にその傾向は強く、嶺北方言に類似している。

②母音の無声化

母音の無声化現象(狭母音イ/ウが無声子音に挟まれたり、語頭で無声子音の前にあったり、語末で無声子音に後接した場合に声帯が振動しなくなる現象)は美浜町方言でも聞かれるが、嶺北方言が先の条件下で原則無声化するのに比べると、それほど顕著ではない。

③連母音

河原市方言では、連母音アイ/アエ/ウイ/オイのいずれにおいても、近畿方言と同様に融合(相互同化)現象は見られない。なお、丹生方言ではウイ／オイでは母音融合は見られないが、アイ／アエは、いずれも融合して広口《ひろくち》のエー[ɛː]に近い音声となる。

⑵子音

以下では、共通語の子音と異なるものについてのみ取り上げる。

①セ／ゼ

河原市方言・丹生方言を含む美浜町全域の高年層方言では、セ／ゼは、口蓋化《こうがいか》したシェ／ジェと発音されることが多かったが、現在はほとんど聞かれなくなっている。この発音は、中世末期頃までは京都を中心とした中央語の標準的発音だったとされるもので、美浜町方言ではその古い発音が残っていたのである。

②語中尾のガ行子音

嶺南方言では、語中尾のガ行子音は鼻濁音（鼻にかかったガ行音）ではなく、破裂音で発音されるのが一般的だが、美浜町の高年層では稀に鼻濁音も聞かれた。

③合拗音　クヮ／グヮ

かつては、美浜町を含む旧三方郡の嶺南東部方言の一部に、平安時代以降に漢語の影響を受けて日本語に定着したとされる合拗音のうちのクヮ／グヮ（例えば「火事」のクヮジ、「会社」のクヮイシャ、「外国」のグヮイコクなど）が聞かれたとの報告があるが、筆者の調査では確認できなかった。

④コソアドのソ系のホへの変化

丹生の例としてホヤケド〈そうだけれど〉、ホンニャサケ〈そうだから〉、日向の例としてホンジャサカイ〈そうだから〉などが聞かれた。

(3)その他の音声現象

①一拍名詞の母音が長音化して、キー〈木〉、テー〈手〉、チー〈血〉、メー〈目〉となる。
②シがヒと交替している例が、ヒチ〈七〉、ヒナベル〈萎びる〉などに語的に聞かれた。
③破擦音ツァ・ツォが、オトッツァン〈お父さん〉、ゴッツォ〈ご馳走〉などで語的に聞かれた。

1-2 美浜町方言の音韻・アクセント ―イントネーション・アクセント―

(1)イントネーション

嶺北方言と同様に、北陸三県に特有の、文中の文節末の末尾音節が長音化して揺れるような間投イントネーションが聞かれることがある。ただし、嶺北方言に比べると、その出現頻度は高くない。

(2)アクセント

先述の通り、先学の研究から美浜町のアクセントは、小浜市を中心とした嶺南西部方言の垂井式アクセントに対して、それに似た準垂井式アクセントとされる。ここでは、筆者の調査に基づいて、高年層における名詞と動詞のアクセントの実態を、河原市と丹生を対照する形で表2と表3に示した。

2 美浜町方言の語法・表現法

(1)動詞の活用

表4に河原市方言の動詞の活用表を示す。表中の活用形の示し方は越前市方言の表1と同様、学校文法で行われているものとは少し異なっている。

表２　河原市・丹生アクセント対照表(名詞)

【１音節名詞】　注)両方言とも名詞単独の場合、長音化して２音節として発音される

類	語例	河原市	丹生
Ⅰ	帆、柄	●●，●▲	●●，●▲
Ⅱ	歯、日、葉	●○，●△	●●，●▲
Ⅲ	絵、火	●●，●▲	●○，●△

【２音節名詞】

類	語例	河原市	丹生
Ⅰ	飴、釜、柿、風、霧、桐、口、首、酒、鈴、竹、鳥、鼻、水	●● ●●▲	●● ●●▲
Ⅱ	歌、川、寺、夏、橋、旗、肘、雪	●○ ●○△	●○ ●○△
Ⅲ	足、泡、鍵、髪、神、靴、雲、栗、坂、炭、月、花、綿	●○ ●○△	●○ ●○△
Ⅳ	粟、糸、海、傘、肩、鎌、錐、空、箸、針、松、麦	●● ●●▲ (＊「海」は●○，●○△)	●● ●●▲
Ⅴ	秋、汗、雨、井戸、蜘蛛、鯉、声、猿、鶴、春、鮒、窓	○● ○●△	●○ ○●△

表３　河原市・丹生アクセント対照表(動詞)

【２音節動詞】

類	語例	基本形		過去形(〜タ・ダ)		否定形(〜ン)	
		河原市	丹生	河原市	丹生	河原市	丹生
Ⅰ	着る、煮る、似る、寝る	●●	●●	●○	●○	●●	●○
	行く、聞く、咲く、死ぬ、飛ぶ、鳴る、巻く	●●	●●	●○○	●○○	●●●	●○○
Ⅱ	書く、切る、練る、降る、振る、蒔く、飲む	●●	●●	●●●	●●●	●○○	●○○
	来る、出る	●●	●●	●○	●○	●●	●●

表中○○は名詞および動詞(活用形)、△は助詞を示す。●、▲は高く発音され、○、△は低く発音されることを示す。名詞については、名詞単独でのアクセントと、助詞付きアクセントを示した。

表４　美浜町方言の動詞の活用表

	動詞	基本形	否定形	受身形	使役形	連用形	た形	命令形	意向形	仮定形	可能形
五段	書く	カク	カカン	カカレル	カカス	カキー	カイタ	カケ	カコー	カキャー	カケル
	出す	ダス	ダサン	ダサレル	ダサス	ダシー	ダシタ	ダセ	ダソー	ダシャー	ダシェル
	持つ	モツ	モタン	モタレル	モタス	モチー	モッタ	モテ	モトー	モチャー	モテル
	買う	カウ	カワン	カワレル	カワス	カイー	コータ	カエ	カオー	カヤー	カエル
	飛ぶ	トブ	トバン	トバレル	トバス	トビー	トンダ	トベ	トボー	トビャー	トベル
	飲む	ノム	ノマン	ノマレル	ノマス	ノミー	ノンダ	ノメ	ノモー	ノミャー	ノメル
	取る	トル	トラン	トラレル	トラス	トリー	トッタ	トレ	トロー	トリャー	トレル
一段	見る	ミル	ミン	ミラレル	ミサス	ミー	ミタ	ミー	ミヨー	ミリャー	ミレル
	寝る	ネル	ネン	ネラレル	ネサス	ネー	ネタ	ネー	ネヨー	ネリャー	ネレル
カ変	来る	クル	コン	コラレル	コサス キサス	キー	キタ	コイ	コー	クリャー	コレル
サ変	する	スル	セン	サレル シラレル	サス サセル	シー	シタ	セー	ショー	スリャー	デキル デケル

「基本形」とは学校文法の「終止形」「連体形」にあたり、ともに同形となる。「否定形」は「受身形」「使役形」とともに学校文法の未然形に含まれる形である。

「否定形」では嶺南西部方言で使われるカカシェン〈書かない〉、ミヤシェン〈見ない〉などの～シェン、～ヤシェンは美浜町では使われず、美浜町全域で「動詞未然形＋ン」となる。否定過去は「動詞未然形＋ナンダ」となる。

「受身形」はサ変動詞以外は共通語と同じ形となる。サ変動詞はサレルのほかにシラレルも使われる。シラレルは、美浜町全域での言語地理学的調査によれば、河原市以外にも町内の広い範囲に分布することがわかった。受身形では、シラレルのほかに、シヤレルが坂尻《さかじり》・金山《かなやま》・宮代《みやしろ》で聞かれた。受身形のヤレル形は嶺南地方全域に分布する形である。

「使役形」は、五段活用型に活用するス・サスが接続する。五段動詞は、カカス、ダサスのように「未然形＋ス」、一段動詞は、ミサス、ネサスのように「未然形＋サス」となり、サ変動詞は、サス、サセルとなる。カ変動詞は河原市では、コサス、キサスであるが、美浜町全域の言語地理学的調査では、共通語と同じコサセルのほか、コサス(全域に分布)、キサス(耳川《みみがわ》流域に分布)、キサセル(佐田《さた》・笹田・久々子《くぐし》・太田・大藪・郷市《ごいち》・久保・上野《うわの》)、コヤス(丹生・日向《ひるが》)、コラス(竹波)、コサセル(中寺・佐野)、キサセル(佐野)などの多彩な形式が確認できた。

「連用形」は、連用中止用法のほか、表4で連用形に付した「-」の後に、タイ(願望)、ナガラや、後に触れる敬語助動詞のナサル、ナハル、ナルなどが接続する。

「た形」はいわゆる五段動詞で音便形の現れる形である。「て(で)」が続く「て形」も同じ形になる。例外的に一段動詞「落ちる」の「た形」はオッタとなる。

「命令形」では、これらの形に命令の度合いの違いを表す「ヨ、マ、ヤ」の終助詞が付加される場合がある。

「意向形」は、学校文法の未然形に意志の助動詞のウ、ヨウが後接した形であるが、「意向形」として別に立てた。

「仮定形」では、「書ケバ、見レバ、来レバ、すレバ」が融合変化して、カキャー、ミリャー、クリャー、スリャーの形で使用される。

「可能形」では、基本的な可能形(肯定)は表4の通りであるが、能力可能の表現に特徴的な形が聞かれた。「書く」を例にすると、一つは、ヨー　カクのように「ヨー＋動詞基本形」の形であり、今一つが、カキカラセンのように「動詞連用形＋カラセン類」の形である。前者は近畿方言に共通する形で、今なお状況可能の表現と区別されて用いられる。否定形は、ヨー　カカンとなる。一方、後者の「動詞連用形＋カラセン類」は、美浜町の耳川流域と西の旧上中町にのみ分布する特徴的表現で、能力があることを自慢げに言うようなニュアンスで使われたが、現在は衰退に向かっている。カラセン類は、カラセン、カラヘン、カネセンなどの形も開かれ、カネセンという形があることから、「〜(し)かねない」にあたる形が変化して能力可能の意味を有することになったと考えている。カネセン類は肯定の意味の形だけで否定形はない。詳しくは、加藤和夫(一九八八)を参照されたい。

(2)形容詞の活用

形容詞については、「高い」を例に美浜町河原市方言の活用を示す。

基本形：タカイ〈高い〉、推量形：タカイヤロー〈高いだろう〉、否定形：タコナイ〈高くない〉、連用形：タコナル〈高くなる〉、て形：タコテ〈高くて〉、た形：タカカッタ〈高かった〉、仮定形：タカケリャ〈高ければ〉、条件形：タカイナラ〈高いならば〉。

(3)ナ形容詞(学校文法の「形容動詞」)の活用

ナ形容詞については、「静かや」を例に美浜町河原市方言の活用を示す。

基本形：シズカヤ〈静かだ〉、連体形：シズカナトコ〈静かな所〉、否定形：シズカヤナイ〈静かでない〉、連用形：シズカニナル〈静かになる〉、推量形：シズカヤロー〈静かだろう〉、て形：シズカデ〈静かで〉、た形：シズカヤッタ〈静かだった〉、仮定形：シズカナラ、シズカナヤッタラ〈静かならば〉。

(4)助動詞・文末表現など

①尊敬の敬語助動詞

図12は、筆者が四十数年前に若狭地方全域で実施した言語地理学的調査で得られた尊敬の敬語助動詞の併存のタイプを、加藤和夫(一九八九)に載せた分布図である。美浜町では河原市などの耳川下流域にナサル―ナルの二形併用、

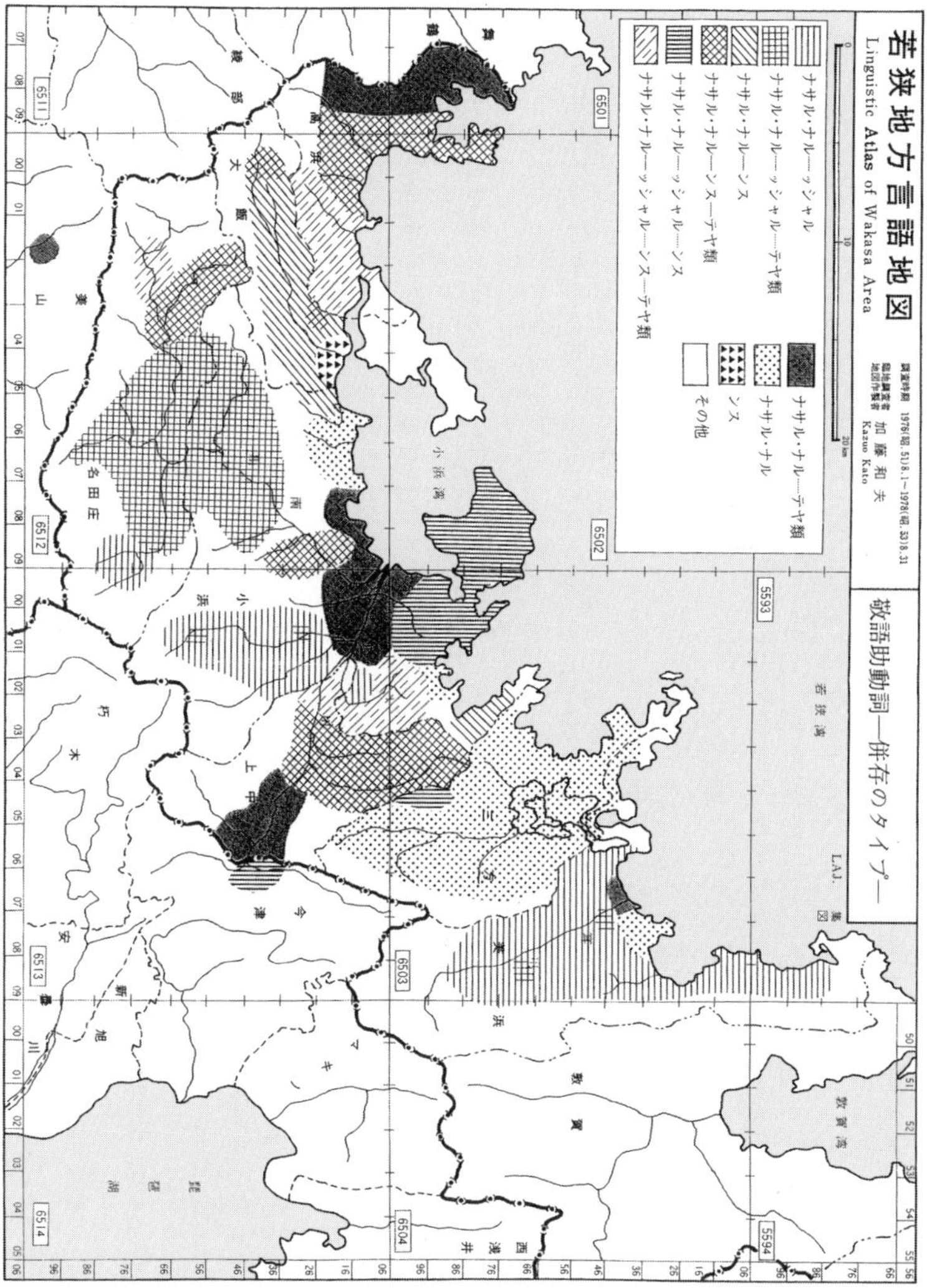

図12　若狭地方の尊敬の敬語助動詞の分布

それ以外の地域でナサル—ナル—ッシャル（サッシャル）の三形併用状況が見られたが、二十年ほど前の調査では、ッシャル（サッシャル）が耳川最上流部の松屋・浅ヶ瀬で確認できただけで、二十数年間に高年層世代からッシャル（サッシャル）が急速に衰退したことがわかる。ナサルはナハルに変化している例が多く見られる。動詞への接続は、ナサル（ナハル）、ナルが前接動詞の連用形に接続し、五段動詞型に活用する。また、ッシャル（サッシャル）は五段活用型に活用するが、ッシャルは五段活用の未然形相当の形、サッシャルは一段活用の未然形相当の形に接続する。

図12によれば、嶺南西部方言の尊敬の敬語助動詞には嶺南東部方言と同じナサル、ナル以外に、ンス、テヤ、また滋賀県境のかつての宿場町・熊川では、ハルの使用も確認できる。ンスは現在では衰退してほとんど使われていない。

②指定・断定の助動詞

美浜町全域での方言地理学的調査の項目「鳥だ」「静かだ」の結果を見ると、指定・断定の助動詞「だ」にあたる形は、河原市を含む美浜町中心部や耳川下流域、海岸部にヤが分布し、ヤ分布域の周辺にジャの分布も見える。ジャがヤよりも古い形であることは文献による日本語史からも明らかで、元の～デアルが、～デア→～デァ→ギヤ（ジャ）と変化し、さらにヤとなったものである。美浜町でもジャが衰退してヤに交代していることがわかる。嶺南西部方言ではジャからヤへの交代が完了している。なお、丹生ではンにヤが後接するとき、イッテキタンニャ〈行ってきたんだ〉、タカインニャトイヤ〈高いんだそうだ〉のようにニャになることがある。これは嶺北方言と共通する特徴である。

③推量の助動詞

美浜町内では指定・断定の助動詞に対応する形で、ヤロー、ジャローの両方が聞かれたが、ジャローは明らかに衰退しており、現在ではほとんど聞かれない。河原市では、フルヤロー〈降るだろう〉、スズシーヤロー〈涼しいだろう〉、イカナンダヤロー〈行かなかっただろう〉のようにヤローが用いられる。

④勧誘表現

丹生で聞かれた特徴的な勧誘表現にマイカイがある。ネヨマイカイ〈寝ようよ〉、イコマイカイ〈行こうよ〉のように使われる。

⑤アスペクト形式

進行態と結果態を区別せず、動詞の「た形」の「た」を除いた形にトル（ドル）を付けて、書イトル、散ットル、買《こ》ートル、飛ンドル、飲ンドル、見トル、来トル、しトルのように言う。なお、河原市では結果態に、散ッタ、散ッテシモタの形も聞かれ、丹生では折ッチョルのように、トル（ドル）より古い形のチョル（ジョル）も聞かれた。今にもその動作が行われようとしている状態はチリカカットル〈散りかかっている〉、動作が始まったときはチリダシタ〈散りだした〉となる。

(5) 助詞

ここでは美浜町の代表的助詞を紹介する。同じ文法的意味の助詞に複数の形式がある場合は河原市での使用例を先に、その後に他の形式を挙げた。その下に各助詞の使用例を例と略記して表音的片仮名表記で示し、その後の〈　〉内に共通語訳を付した。使用例は特に断らない限り河原市方言の形である。

〈原因・理由〉　サケ、サカイ　例アメ　フットルサケ〈雨が降っているから〉。

〈逆接〉　ケンド　例サブイケンド〈寒いけれども〉。イキタイケンド　ヒマガ　ナイ〈行きたいけれど暇がない〉。

〈限定〉　ヨリ、カ、ホカ、ハカ　例ヒャクエンヨリ　ナイ〈百円しかない〉。

〈同時〉　モッテ　例クイモッテ　アルク〈食べながら歩く〉。アルキモッテ　ハナス〈歩きながら話す〉。

〈ごと〉　ゴテ、ナリ、ゴト　例ミカンオ　カワゴテ　タベル〈みかんを皮ごと食べる〉。

〔ばかり〕　バッカリ　例アソンデバッカリ｜オル〈遊んでばかりいる〉。

〔終助詞「ねえ」〕　ネァ（詠嘆）　例ソーヤネァ｜〈そうだねえ〉。＊丹生での使用例

〔終助詞「よ」〕　ヤ　例マド　アケヤ｜〈窓を開けろよ〉。

〔終助詞「よ」〕　マ、マン（命令の意を強める）　例イッテミーマン｜〈行ってみろよ〉。＊丹生での使用例

〔だよ・だい〕　ジャレ、ジャレー　例ココニ　アルノワ　ナンジャレ｜〈ここにあるのは何だい〉。ドー　シテ　イクンジャレー｜〈どうして行くんだい〉。＊丹生での使用例。「ジャ（指定・断定の助動詞）＋ワレ（二人称代名詞）」が融合して終助詞的に用いられるようになったものか。

〔かな〕　カレ、カレー　例アノヒトモ　イクンカレー｜〈あの人も行くのかな〉。タバコ　スーテモ　エーンカレ｜〈煙草を吸ってもいいかな〉。＊丹生での使用例。「カ（疑問の終助詞）＋ワレ（二人称代名詞）」が融合して終助詞的に用いられるようになったものか。

3　若狭地方言語地図から見える若狭方言の特徴と変化

嶺南方言の特徴についての最後に、筆者が一九七六年から一九七八年にかけて美浜町以西の若狭地方（敦賀市は含まない）の一八二地点で高年層（七〇歳前後）話者を対象に実施した言語地理学的調査の結果に基づいて作成した言語地図と、科学研究費研究「方言分布変化の詳細解明―変動実態の把握と理論の検証・構築―」（研究代表者：大西拓一郎）の分担者として再び若狭地方（美浜町は除いた）の一一〇地点で高年層を対象に調査した約三五年後の調査結果に基づいて作成した言語地図の一部をもとに、若狭方言の特徴とその変化の一端を紹介する。

まず、図13は一九七六～一九七八年調査の「桑の実」の言語地図である。なおこの言語地図には筆者の調査結果に、

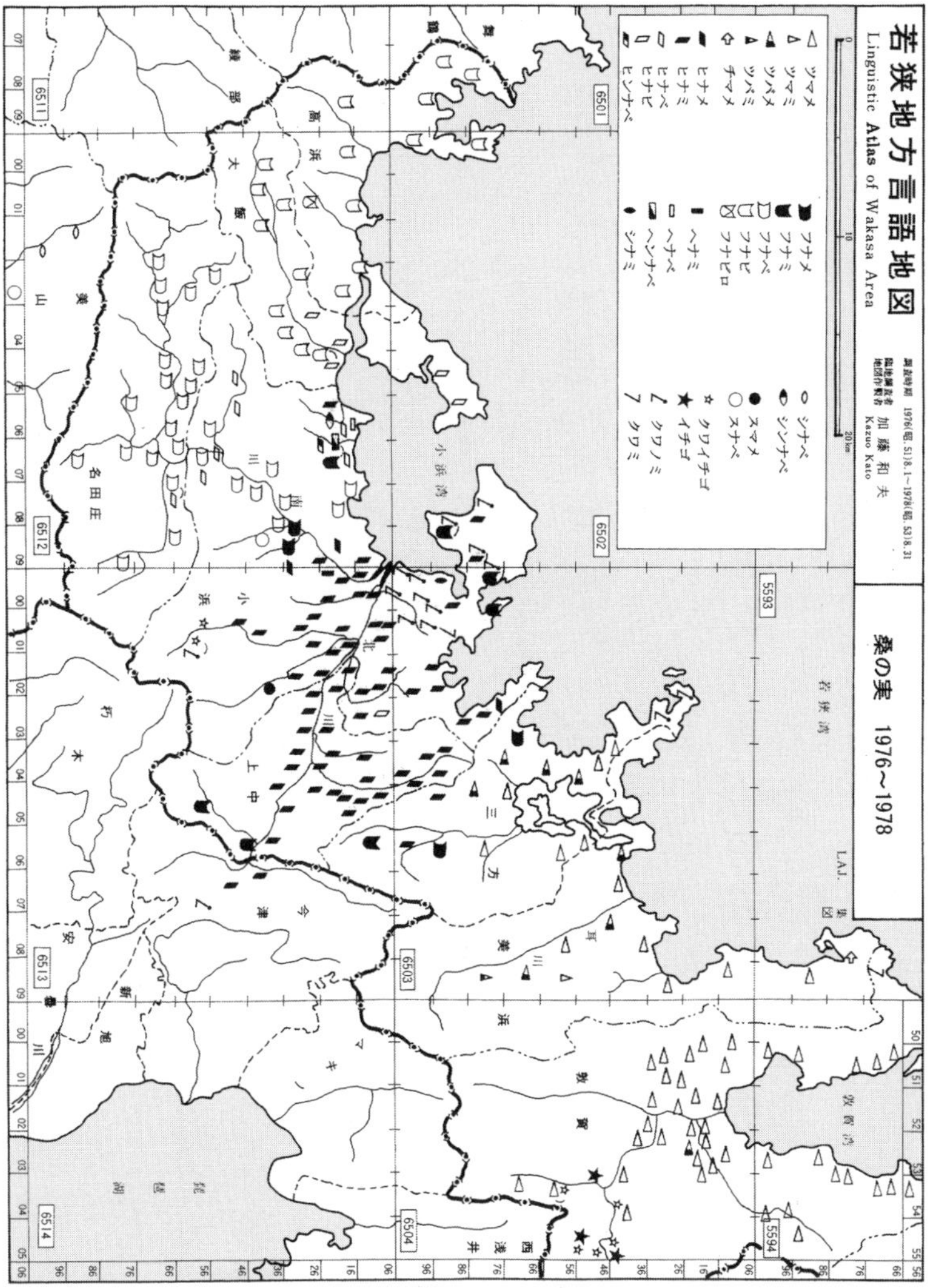

図13　桑の実（1976~1978調査）

大崎恭子・内藤令子・西田美知子・松浦教子(一九七三)の調査による敦賀市の調査結果も加えてある。四五年ほど前の高年層方言には、ツマメ類・ヒナミ類・フナビ類を中心に実に多彩な方言形の分布が確認できるとともに、その分布からは、若狭地方での代表的な方言の伝播パターンが見えてくる。

小浜市中心部を含んで語頭がヒで始まるヒナミ類の分布があり、それを取り囲むように語頭がフで始まるフナビ、フナベ、フナミなどのフナビ類が分布していることから、若狭地方の方言の分布は、新しい語形が京都方面から伝播するにしても、街道沿いに連続的に伝播するのではなく、新しい語形が若狭の中心部である小浜市に伝わった後に、小浜を中心に東西に分布を広げるのが一般的なパターンなのである。つまり、まずフナビ類が分布を広げ、後にヒナミ類が分布を広げたことを示している。また、図13からは、旧三方郡三方町から東に分布が見えるツマメ類は、人的交流の影響もあって敦賀市のツマメ類(この形は嶺北地方のツバメ類の分布に連続する)の分布が西の美浜町や旧三方町に伝播したことを物語っている。なお、一九七六〜一九七八年調査の結果をもとに京都方面から若狭地方へ語の伝播経路について考察したものに加藤和夫(一九八〇a)がある。

次に図14の一九七六〜一九七八年調査の「つらら(氷柱)」の言語地図を見てみよう。ここでは、旧大飯郡大飯町と高浜町のツララの分布を除くと、京都方面から伝播した「南鐐《なんりょう》(銭)」に由来するナンリョー、そしてそれからの音変化形ナンジョーなどが周辺部に多く分布し、その内側に小浜中心部で新たにナンジョーから変化したナンゾ(当該地域で「おやつ」を言うナンゾへの類音牽引で生まれた)が分布を広げたことを示す周圏《しゅうけん》分布を見せている。

同じ「つらら」について二〇一二〜二〇一四年に調査した図15を見ると、約三五年が経過して、高年層においても、かつてのナンリョー、ナンジョー、ナンゾの分布域への急速な共通語形ツララの侵入が確認できる。なお、一九七六〜一九七八年調査の結果をもとに若狭地方の「つらら」方言の分布について言語地理学的に考察したものに、加藤和

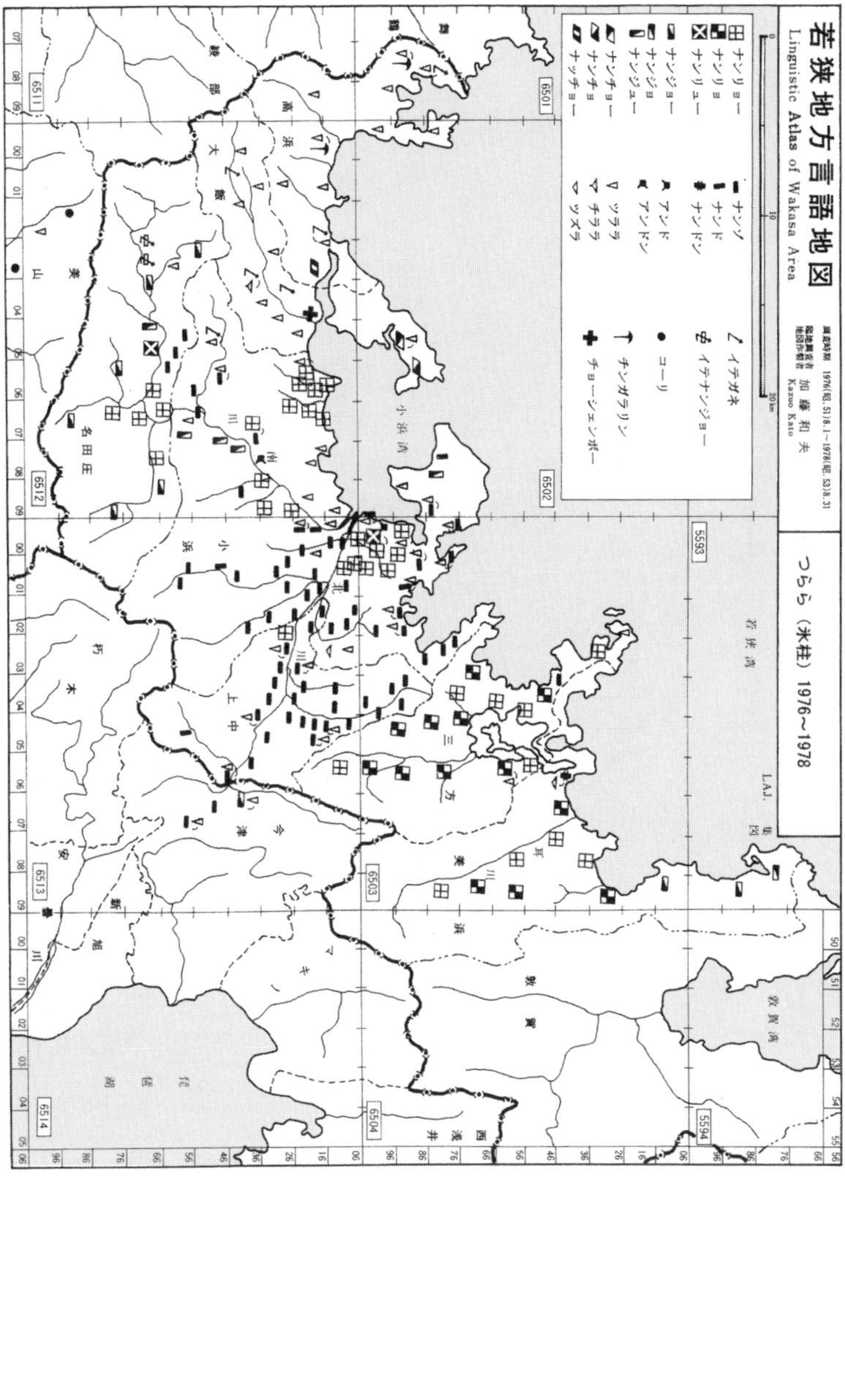

図14　つらら①（1976～1978調査）

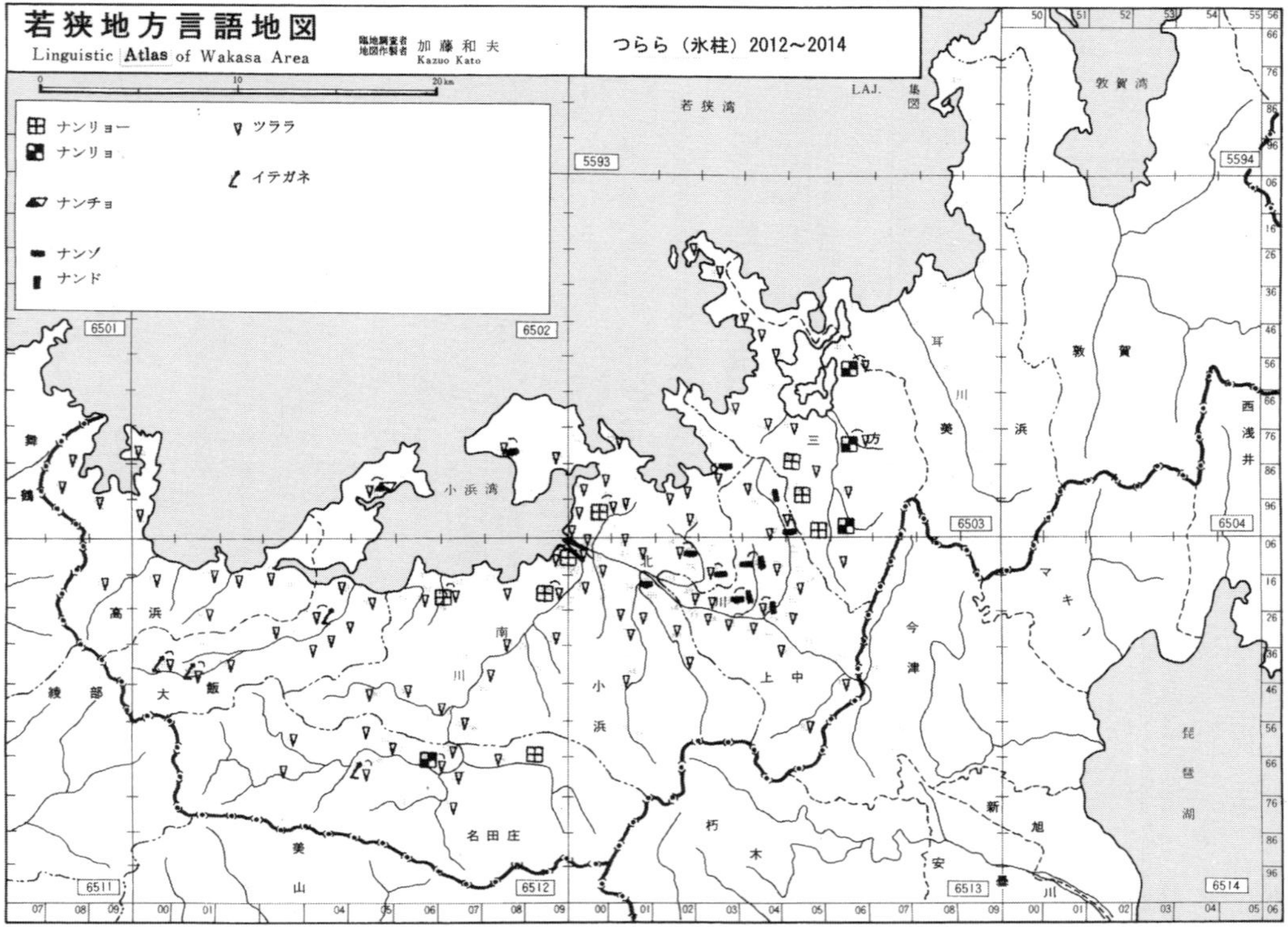

図15　つらら②（2012～2014調査）

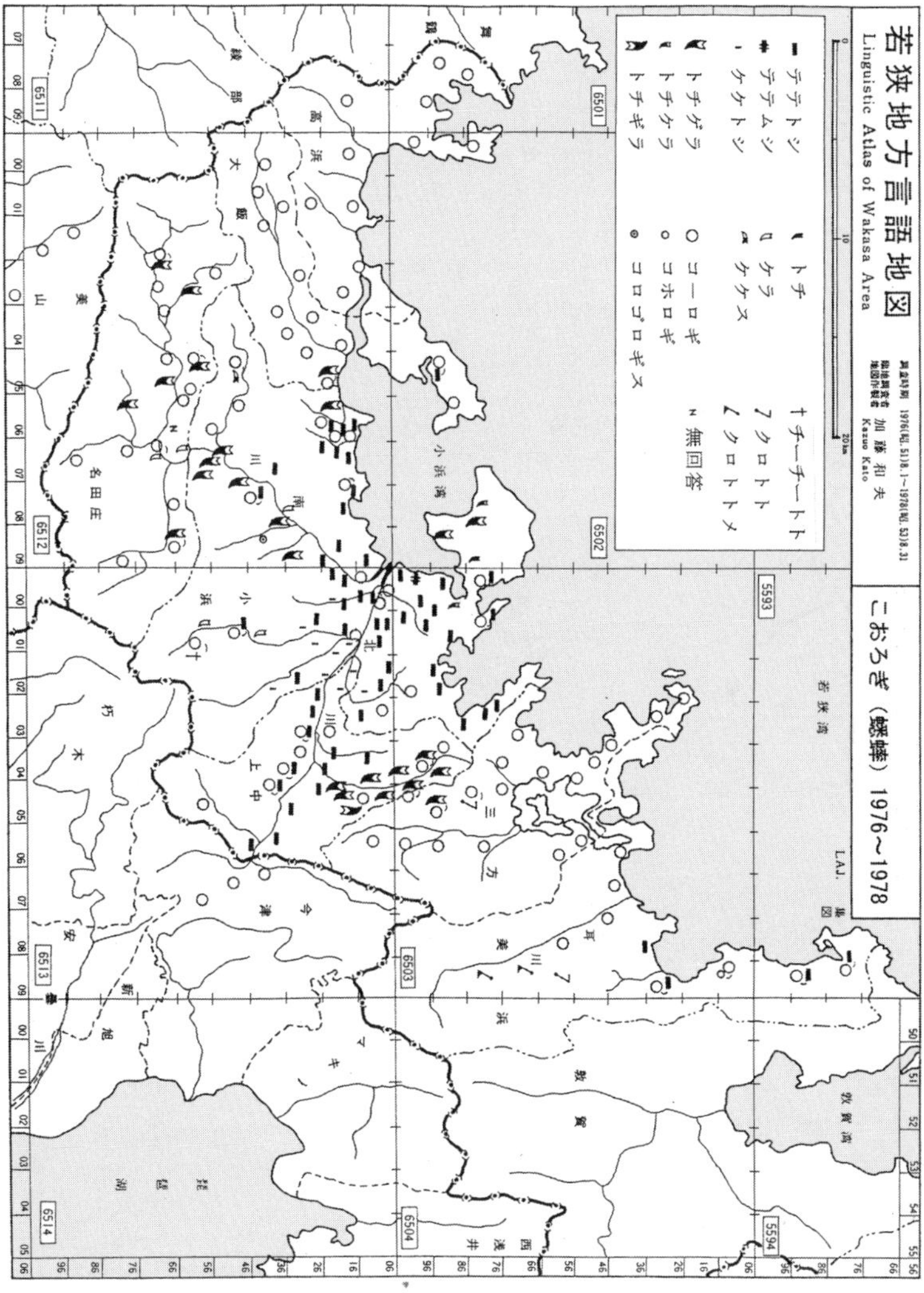

図16　こおろぎ①(1976~1978調査)

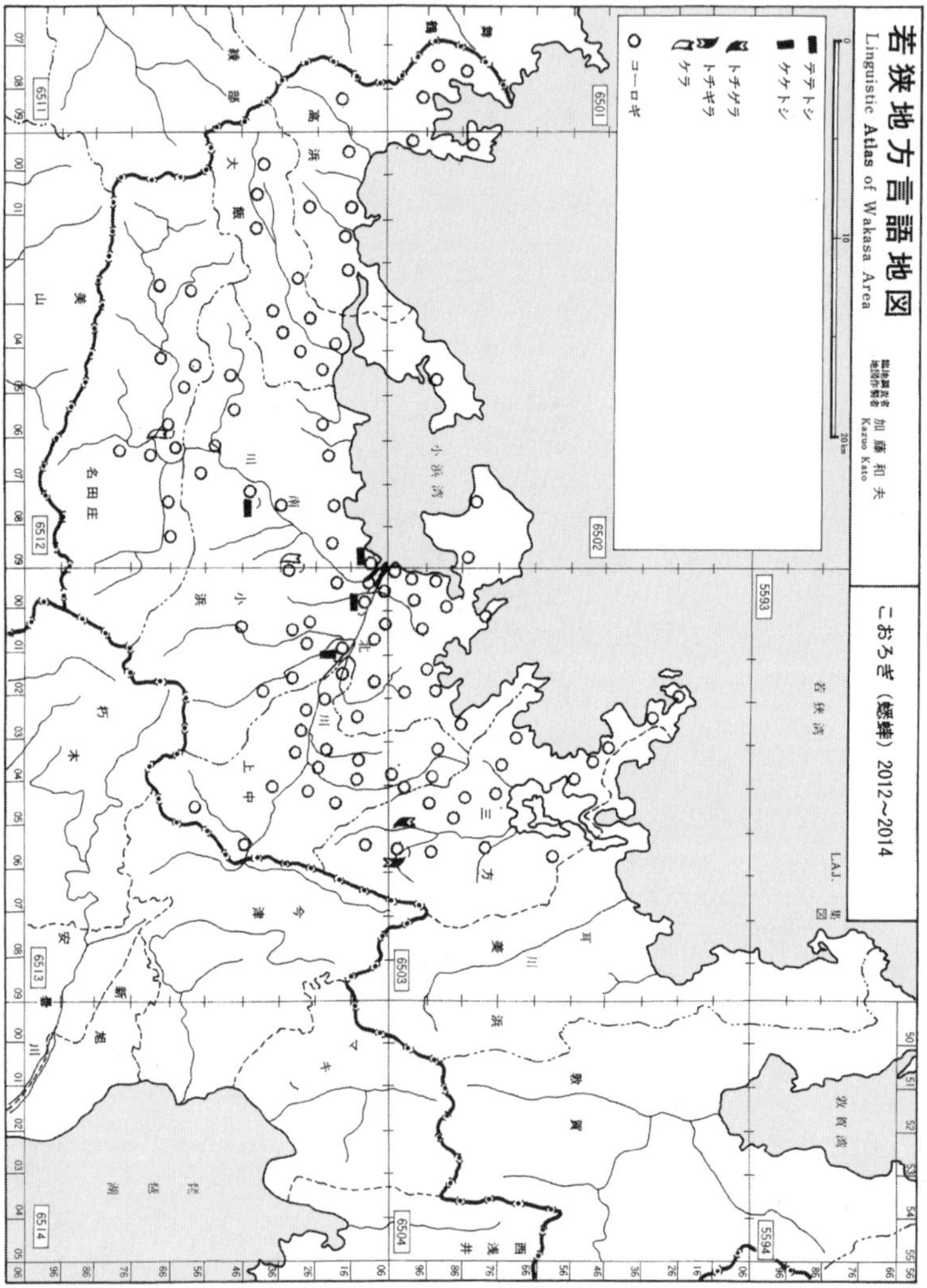

図17　こおろぎ②（2012~2014調査）

夫（一九八二）がある。

図16・17は、若狭地方における「こおろぎ」の一九七六〜一九七八年調査と、二〇一二〜二〇一四年調査の結果を言語地図にしたものである。図16では、図14・15と同様に、小浜を中心に最周辺部にコーロギ類、その内側にトチゲラ類、さらに内側に小浜中心部を含むテテトシ類という周圏分布を示し、そこからはコーロギ類が古く、次にトチゲラ類が分布を広げ、さらにテテトシ類が分布を広げたという新古関係が見えてくる。ちなみに、テテトシは蟋蟀《こおろぎ》が「父さんいとし（テテイトシ）、母さんいとし（ハハイトシ）」と鳴いていると聞きなしたところから生まれたものと考えられる。ところが、約三五年後の調査による図17では、トチゲラ類・テテトシ類はほとんど使われなくなり、それらが分布した地域では、新たに共通語としてのコーロギが一気に分布を広げていることが確認できた。

以上、紙数の関係で若狭地方での約三五年を隔てた言語地理学的調査の結果のごく一部と、そこから見える若狭地方での伝統方言の分布成立の特徴と変化について紹介した。一九七六〜一九七八年調査に基づく若狭地方の方言分布について考察したものに、加藤和夫（一九八〇ａ）（一九八〇ｂ）（一九八一）（一九八二）（一九八三）（一九八八）（一九八九）などがある。

四　福井県方言の研究史

ここでは、福井県方言の研究史について簡単にまとめておく。

近世以前の福井県方言の状況を知ることのできる文献はほとんどなく、明治時代になって方言集の類がようやく登場する。福井県における方言集の嚆矢《こうし》ともいうべきは福田太郎（一九〇二）であり、総数四〇〇語余りが載る。その後、昭和に入ると福井師範学校・島崎圭一・徳山国三郎・松崎強造などによる方言集が刊行される。福井県福井師範学校（一九三二）は福井県全域にわたる方言語彙集であり、使用地域が市郡単位で示されており、巻末に「各郡市に於ける語形式（語法）の実例」として方言文例が示されている。松崎強造（一九三三）は嶺南地方のこの時期の数少ない方言語彙集である。なお、この種のものには、ほかに松本善雄（一九八一）（一九八九）などがある。

福井県方言に関する本格的研究は戦後に始まる。佐藤茂は、国立国語研究所の地方研究員として、音韻・語法・敬語等に関する論文を多く発表した。佐藤茂（一九六二）は、若狭地方方言の概説として早いものである。佐藤はまた『日本言語地図』の調査に参加して後、一九七〇年頃から福井大学の学生を指導して県内の言語地理学的研究を推進した。佐藤の指導を受けた加藤和夫には、加藤（一九八〇ａ）「福井県若狭地方における言語分布相―主に語の伝播の観点から―」をはじめとする若狭地方の言語地理学的調査に基づいた一連の研究があるほか、福井県方言の概説や研究史のまとめなどがある。そのほかの主な研究者としては、天野俊也・天野義廣・吉田則夫・藤本良致・永江秀雄・青木捨夫などが挙げられる。天野義廣には勝山市・大野市の生活語彙記述で天野（一九七四）（二〇〇六）の優れた業績がある。

福井県方言のアクセントは先述したように複雑な様相を呈しながら、平山輝男（一九五三・一九五四）以後、研究が低調であった。しかし従来、無アクセントとされていた福井市およびその周辺地域の老年層に有型の話者が存在することが報告されて以来、再び学会の注目を浴びるところとなり、山口幸洋（一九八五）・佐藤亮一（一九八八）などの研究が現れ、最近では新田哲夫・松倉昂平により、越前町の三型アクセント、坂井市やあわら市の二型・三型アクセント等の存在が報告されている。

北陸地方独得の文節末などでゆれるイントネーション（間投イントネーション）については、福井県方言に関しては早くに藤原与一（一九六八）があり、その後も嶺北地方方言を資料とした山口幸洋（一九八五）・新田哲夫（一九八七）などがある。

福井県方言については、全般的に記述的研究の遅れが目立つため、主要地点の詳細な体系的記述が急がれる。また、福井市およびその周辺部を中心としたアクセントの精査も課題とされていたが、アクセントについては、嶺北地方方言のアクセントの詳細を明らかにする初めての研究書である松倉昂平（二〇二二）が刊行された。北陸三県の中でも、とりわけ方言の衰退が進んでいるとされる嶺北方言については、方言の変容に関する社会言語学的研究も今後さらに望まれる。

コラム❺

福井の方言は韓国語に似ている?

福井でも特に嶺北《れいほく》地方中心部の福井市・坂井市・鯖江《さばえ》市・越前《えちぜん》市を中心とした地域の人の中には、自分たちの方言がテレビの韓流ドラマから聞こえてくる韓国語の標準語(首都ソウルの方言)に似ていると思っている人が多いようだ。

では、なぜそのように感じるのだろうか。単語の中には、ともに中国語から取り入れた漢語があるために、それらは当然発音が似てくるのだが、福井の人が韓国語と似ていると感じる理由はそういうことではなく、話し方が似ているということのようだ。そして、それが似ているのは、古代に福井と朝鮮半島の間で交流があったことの名残ではないかと考えている人も少なくない。

しかし、嶺北地方中心部の方言と韓国語の話し方が似ていると感じる理由は、アクセントやイントネーションの類似性、特にアクセントが同じ「無型アクセント」(「無アクセント」とも)であるための偶然なのだ。

では、無型アクセントとは何か。日本語も韓国語も本来、個々の語や文節について音の高さの配置が決まっている「高低アクセント」(英語などのヨーロッパ系言語は強さの配置が決まっている「強弱アクセント」)だったのだが、韓国語の標準語であるソウル方言も福井県嶺北地方中心部の方言も、もともとあった音の高低の配置のルールをなくした無型アクセントになったのだ。

無型アクセントの方言は音の高さの配置に注意が向かなくなるために、一般的に話し方が平板で抑揚がなくなるという共通性がある。日本の方言では、東日本で北関東から南東北にかけての広い地域、西日本では九州の長崎の一部から佐賀、福岡南部、熊本北部、宮崎にかけての帯状の地域が、嶺北地方中心部と同じ無型アクセントで、その平板で抑揚のない話し方が似ている。

つまり、韓国の標準語であるソウルの方言が無型アクセントであること（韓国でも南の釜山《プサン》などの方言はアクセントのルールがある）と、文末のイントネーション（文末に向かって高くなり最後で下がる）が北陸地方に特有の文節末に現れることのある揺れるようなイントネーション（かつては「ゆすりイントネーション」などとも呼ばれたが、最近はその揺れが共通語でいう「～ね」「～さ」「～よ」などの間投《かんとう》助詞の役割をしているとの解釈から「間投イントネーション」と呼ばれる）に似ていることから、嶺北地方中心部の方言と韓国語が似ていると感じる人が多いのだ。

（加藤和夫）

コラム❻

高校生と福井方言⑵　映画「チア☆ダン」の福井方言

「アメリカに行こっさ。」「ぜったいアメリカに行ってやるでの～。」

広瀬すずさん主演の映画「チア☆ダン～女子高生がチアダンスで全米制覇しちゃったホントの話～」では、出演者の若い俳優さんたちが、福井方言の特徴の一つである文節の切れ目を伸ばしながら揺らすイントネーションを上手に真似ていた。

二〇一七年二月、映画のモデルとなった福井商業高校での上映会では、天海祐希《あまみゆうき》さん、広瀬すずさん、中条《なかじょう》あやみさんが体育館のステージに立った。当時三年生の担任だった私もその場にいて、出演者三人が「ほやほやー」「ほやのー」と相づちを打ったときには、会場を埋め尽くした高校生の歓声で大変盛り上がったのを覚えている。

映画の中で、この「ほやのー」はたびたび出てくるが、撮影の合間にも、出演者の間でこの方言を気に入って使っていたそうだ。本校の生徒も普段の会話の中で「そうだね」の意味の「ほやのー」を使っている場面をよく見かけるし、「ほやのー」「ほやほやー」のほかにも、「ほやって」「ほやで～」等いろいろなバリエーションが聞かれる。仲のよい者同士が、心理的距離感の近さや共感を表現するのにぴったりな方言であり、これらを使うことで、友だち同士はより親密に、そうでない人でも心の距離が近くなったりする。

映画「チア☆ダン」は、そのあとTVドラマ化もされ、土屋太鳳《たお》さん演じる主人公が、「打倒JETS！」を合い言葉に、夢を追いかけ、つかもうとする青春ストーリーとなっていた。

福井商業高校の生徒玄関前で広瀬すずさんと土屋太鳳さんの2ショットの撮影があったときには、撮影の噂がどこからか広まり、休み時間になると二人をひと目見ようと、生徒たちは教室から猛ダッシュしていた（休み時間には出演者の皆さんは休憩に入って、残念ながらその姿を見ることはできなかったのだが）。

そんなTVドラマ「チア☆ダン」の中で、土屋太鳳さんが「私の夢、消えてもた」と言う場面があった。共通語の「～してしまった」（話し言葉では「～しちゃった」）にあたる言い方は、私の世代（五〇代）では「～シツンタ」となるが、ドラマの方言指導をした人が伝統的な言い方で、若い人でも使う人がいる「～テモタ」を採用したようだ。

福井の嶺北地方では、かつての中央語である京都語の影響を受けた「～テシモタ」が「～テモタ」となり、さらに「～テンタ」「～トゥンタ」を経て「～ツンタ」に変化した。だから、土屋太鳳さんの台詞は「私の夢、消えツンタ」の方がむしろよかったかもしれない。

生徒の会話にも「宿題忘れテモタ」「まだノートに書いてえんのに、先生が黒板消しツンタ」といった言い方がまだまだ聞かれる。福井では方言の共通語化が急速に進んでいると言われるが、嶺北地方の若者の間では「〜てしまった」「〜ちゃった」にあたる言い方については、当分は「〜テモタ」「〜ツンタ」が使われていきそうだ。

（堀部昌宏）

コラム❼

「はよしねー」って「早く死ね」という意味？

嶺北方言の中でよく誤解される方言として話題になるものに「はよしねー」〈早くしなさい〉の意）がある。

福井県嶺北地方から石川県加賀《かが》市にかけて使われる「〜ねー」は、かつての中央語（京都語）の「〜なさい」が「〜なはい」を経て「〜ない」（岐阜県飛騨《ひだ》地方や島根県出雲《いずも》地方などで使われる）、さらに嶺北ではアイ[ai]がエー[eː]となる特徴から「〜ねー」となったものである。

それが動詞の「書く」「見る」「来る」などに付くと「書きねー」〈書きなさい〉、「見ねー」〈見なさい〉、「来《き》ねー」〈来なさい〉のようになるが、サ変動詞「する」の連用形に付くと「しねー」となり、〈しなさい〉の意味なのだが、まるで「死になさい」と言っているかのように聞こえて誤解されるのである。

（加藤和夫）

第四章　福井県方言の語彙

本章では語彙の面から、福井県方言に特徴的な語彙を、松本善雄(一九八九)、加藤和夫(二〇〇三b)、佐藤亮一編(二〇〇九。福井県方言は筆者が担当)等を参考に「嶺北《れいほく》・嶺南《れいなん》方言に共通の語彙」「嶺北方言の語彙」「嶺南方言の語彙」に分けて示すことにする。先述の通り、方言語彙の多くはかつての中央語(京都語)が地方に伝播《でんぱ》したものであることから、福井県で使われている方言語彙と同じものが他の地方に存在することも珍しくない。したがって、福井県方言に特徴的というのが、福井県でしか使われないという意味ではないことに注意したい。

以下では最初に該当する方言形を示し、下の〔　〕内に学校文法における品詞名を略記し、その後に共通語的意味や音声変種を挙げ、さらに必要に応じて補の後に補足説明などを加える。また、一部の語にその使用例を例として文節分かち書きの表音的片仮名表記で載せ、その下に共通語訳を〈　〉に入れて示した。語形・意味とも共通語形と一致するものは載せないこととした。なお、助詞・助動詞の類は別に扱うこととして、ここでは原則省略した。

略記した品詞名はそれぞれ、〔名〕が名詞、〔動〕が動詞、〔形〕が形容詞、〔形動〕が形容動詞、〔副〕が副詞、〔接〕が接続詞、〔感〕が感動詞、〔連体〕が連体詞、〔他〕がその他、〔連〕が連語的なものを表す。動詞については〔動・五〕〔動・一〕〔動・カ〕〔動・サ〕のように活用の種類も合わせて示した。〔五〕が五段、〔一〕が上一段および下一段、〔カ〕がカ行変格、〔サ〕がサ行変格を表す。

一　嶺北・嶺南方言に共通の語彙

方言区画的には北陸方言と近畿方言という別の区画に属して、方言的特徴において異なることも多い嶺北方言と嶺南方言ではあるが、語彙から見た場合に嶺北と嶺南に同じ語が分布しているものもある。ここではまず、現在も福井県の比較的広い範囲で高年層において使用される、あるいは理解されるであろう（必ずしも嶺北・嶺南の全域に分布するとは限らない）方言語彙を五十音順に挙げておく。例を載せた箇所で「／」を挟んで二通りの言い方を示しているものについては、「／」の上が嶺北方言、下が嶺南方言の代表形である。

なお、以下で見出し語としたものはあくまでも代表形であり、一部の見出し語についてのみそれと関連する音声変種も示した。方言の世界では、元の形から変化した多数の音声変種が存在する場合があるが、それらを網羅的に表示することは紙幅との関係からも難しいためである。

アイトムカイ〔名〕　互いに向かい合う状態。

アイナシニ〔副〕　時間をおかずにすぐに。補「合間《アイマ》無しに」からの変化形。

アオヌク〔動・五〕　仰向く。アオノクとも。補アオムクからの音声変化形。

アガク〔動・五〕　暴れる。騒ぐ。例キンノワ　コドモラガ　アガイテ　ヨー　ヨワッタ〈昨日は子どもたちが騒いで大変困った〉

アガリト〔名〕　家の玄関や階段の上がり口。アガットとも。

アカル〔動・五〕　ひっくり返る。自動詞形。他動詞形はアケル。例ユレテ　ナカミァ　アカッテモタ〈揺れて、中身がひっくり返って出てしまった〉

アカン〔連〕　駄目だ。

アク〔動・五〕　飽きる。補共通語形「飽きる」（一段活用）

に対して、かつての中央語〈京都語〉の影響を受けて北陸を含む西日本に広く分布した五段活用の「飽く」。例モーシゴト　アイテモタ〈もう仕事飽きてしまった〉

アゴタ〔名〕　顎《あご》。

アサマ〔名〕　朝。

アジチ〔名〕　分家。使用地域は限られるものの嶺北・嶺南の一部地域で使われる。

アセクラシー〔形〕　気ぜわしい。

アタル〔動・五〕　もらえる。補他動詞「与える」の意味の古語「あたう」の自動詞形としての北陸三県で用いられた方言形「あたわる」の「わ」が落ちた形と考えられる。例コトシワ　ボーナス　イッパイ　アタッタ〈今年はボーナスがたくさん貰えた〉

アッチャコッチャ〔名〕　あべこべ。

アッパ〔名〕　大便。例ナンカ　ヒッデ　クサイケド　ドッカニ　アッパ　アルンデネンカ〈なんだか、とても臭いけれども、どこかに大便があるんじゃないか〉

アテ〔名〕　女性の自称代名詞。

アトノシマイニ〔副・連〕　最後に。

アナンポ〔名〕　穴。アナンボとも。

アババ〔名〕　水におぼれること。例ウミデ　アババ　シル〈海でおぼれる〉

アブラゲ〔名〕　油揚げ。

アホクサイ〔形〕　馬鹿馬鹿しい。

アホ〔名〕　馬鹿。アホタレとも。補アホボ〈馬鹿な子ども〉。アホンテナ〈馬鹿みたいな〉

アヤ〔名〕　馬鹿。アヤカリとも。

アラカス〔動・五〕　取り散らかす。

アラミチ〔名〕　人が通っていない新雪の降った道。

アワサイ〔名〕　間。すき間。

アワス〔動・五〕　柿などの渋味を抜く。アワセガキ・アワシガキ〈渋味を抜いた柿〉。

アンチャン〔名〕　兄さん。アンサンとも。オアンサン〈アンサンの丁寧形〉。

アンナイ、アンネー〔形〕　おいしくない。まずい。補「味無い」の変化形。例アンネー　リョーリワ　クイトネー／クイトナイ〈まずい料理は食べたくない〉

アンマ〔名〕　お菓子。主に幼児、子どもが使用。

イーコロカゲン〔形動・連〕　いい加減。適当。

イカイ、イケー〔形〕　大きい。例イケー／イカイ、ウマソ

ナ　リンゴヤノー〈大きい、美味しそうな林檎だね〉

イガム〔動・五〕　曲がる。ゆがむ。

イケ〔名〕　井戸。

イサブル〔動・五〕　揺する。揺り動かす。イスブルとも。
補「ユサブル」の音変化形。

イシナ〔名〕　石。主に小石。補古語「いしなご」の下略形。
例ヒトニ　ムケテ　イシナ　ナゲタラアカン〈人に向けて石を投げては駄目だ〉

イッケ〔名〕　親戚。親類。

イッチョライ〔名〕　持っている着物、衣服の中で一番良いもの。イッチョーライとも。補「一張羅《いっちょうら》」から。

イットキ〔名〕　しばらく。補「一時《いっとき》」から。

イツモカモ〔副〕　いつも。いつでも。

イノク〔動・五〕　動く。自動詞。他動詞形はイノカス。

イブル〔動・五〕　揺り動かす。

イマガタ〔副〕　つい先ほど。補「イマシガタ」から。

イラウ〔動・五〕　もてあそぶ。イロウとも。

イリコ〔名〕　麦焦がし。

ウカット〔副〕　うっかりと。

ウザウザ〔副〕　ぶつぶつと。ぐずぐずと。

ウザクラシー〔形〕　煩わしい。うるさい。

ウソウソ〔形動〕　服や布、顔などがうす汚れた様。例ウソウソノ　カオ　シテ　カオ　アロテエンノヤロ／アロトランノヤロ〈うす汚れた顔をして、顔を洗っていないんだろう〉

ウダウダ〔副〕　くどくど言う様。

ウチ〔名〕　女性の自称代名詞。

ウツクソイ〔形〕　美しい。ウツクサイとも。補嶺北ではウツクセーとも。

ウツブク〔動・五〕　うつむく。補「うつむく」の音変化形。

ウラ〔名〕　自称代名詞。補男女ともに使われたが、主に男性が使用。複数形はウララ。例ウラ　エナンダデ　ナーモ　シランノヤッテ〈私はいなかったので、何も知らないんだよ〉

ウラカエシマ〔名〕　裏返し。ウラカヤシとも。

ウレッシャ〔感〕　「有り難い」に近い意味で使われる。

ウワッパリ〔名〕　衣服の上に羽織る衣類。

ウンモナイ〔形〕　おいしくない。補嶺北ではウンモネーとも。

エーカゲン〔副〕　適当に。「よい加減」から。

エガム〔動・五〕　ゆがむ。

エライ〔形〕　苦しい。つらい。補嶺北ではエレーとも。

オイデル〔動・一〕　いらっしゃる。補「居る」「行く」「来る」の尊敬語。例オタクサン　ドッカラ　オイデタノ〈あなたはどこからいらっしゃったの〉

オーキニ〔感〕　ありがとう。例キョーワ　オセワン　ナッテ　オーキニ〈今日はお世話になってありがとう〉

オーゴッチャ〔形動〕　大変だ。「おおごとや」の音変化形。例コトシノ　フユワ　ユキ　ヨーケ　フッテ　オーゴッチャッタ〈今年の冬はたくさん雪が降って大変だった〉

オートシ〔名〕　大晦日《おおみそか》。

オカシナイ〔形〕　変な。おかしな。オカシナイの～ナイは形容詞化接尾辞。補嶺北ではオカシネーとも。

オキョーサン〔名〕　お経。

オク〔動・五〕　やめる。

オクモジ〔名〕　葉漬け。補中世の女房詞「お茎文字《くもじ》」に由来する。

オクレル〔動・一〕　くれる。

オコサマ〔名〕　仏事の報恩講《ほうおんこう》。「お講さま」から。

オコリバチ〔名〕　すぐに怒る人。

オサイ〔名〕　食事の副食物。「お菜」から。

オシメ〔名〕　おむつ。

オジャミ〔名〕　お手玉。

オゾイ〔名〕　悪い。古ぼけた。恐ろしい。補嶺北では「悪い。古ぼけた」、嶺南東部では「恐ろしい」の意味で使用。例コンナ　オゾイ　クルマ、ヨー　ノッテルノー〈こんな古い車によく乗っているね〉、キューニ　サルァ　デテキテ　オゾカッタ〈急に猿が出てきて恐ろしかった〉

オツケ〔名〕　味噌汁。汁物。例キンノノ　ヤドノ　オツケ、ウマカッタノー〈昨日の宿の味噌汁はおいしかったね〉

オッケ〔動・連〕　下さい。例イツマデモ　モッテエント／モッテオラント、ハヨ　オッケマ〈いつまでも持っていないで、早く下さいよ〉

オッサン〔名〕　和尚さん。お坊さん。オショーサン〈和尚さん〉がオショサン、さらにオッサンに変化したもの。

オッサン〔名〕　おじさん。オジサンがオシサン、そしてオッサンに変化したと考えられる。

オトガイ〔名〕　顎。

オトコメロ〔名〕　男性っぽい女性。

オドシ〔名〕　案山子《かかし》。

オトツイ〔名〕　一昨日。

オトマシー〔形〕もったいない。惜しい。補古語「うとまし」の変化。嶺南東部では「うるさい、うっとうしい」の意味で使用。例ダイジナ　キカイ　コワイテモテ　オトマシーコト　シタ〈大事な機械を壊してしまって、もったいないことをした〉／コドモァ　マトワリツイテ　オトマシコッチャッタ〈子どもがまとわりついて、うっとうしいことだった〉
オトロシー〔形〕恐ろしい。オソロシーからの音変化形。
オニバ〔名〕八重歯。
オブッタン〔名〕仏壇。
オボコイ〔形〕子どもっぽい。かわいい。例ホンナコトシテルンデワ／シトルンデワ　マダマダ　オボコイノーー〈そんなことをしているのでは、まだまだ子どもっぽいね〉
オボタイ、オボテー〔形〕重い、重たい。
オモイデナ〔形動〕ゆかいな。楽しい。例コンドノ　リョコーワ　オモイデヤッタ〈今度の旅行は楽しかった〉
オモッセー〔形〕面白い。オモッシャイとも。例アノ　エーガ　オモッセーラシーケド　ミナシタカ〈あの映画は面白いらしいけれど、ご覧になったかい〉
オメー〔名〕お前。対等および下位の相手に対して使われる対称代名詞。
オモヤ〔名〕本家。
オンサン〔名〕親族のおじさん。中年男性に対する呼称。
オクレル〔動・一〕下さる。
カーチャン〔名〕子どもの母親に対する呼称。子どものいる夫婦の夫から妻を呼ぶ呼称。
カイ、カイー〔形〕痒い。
カイネ〔名〕住宅の屋敷内の空間、場所。「垣根」からの変化か。
カク〔動・五〕物を二人で持ち上げる。例コノ　ツクエ　オボテーデ／オボタイサカイ　アンタ　ソッチ　カイテクレヤ〈この机は重いから、あなた、そちらをいっしょに持ち上げてよ〉
カクシ〔名〕ポケット。
カザ〔名〕におい。例カザ　カイデミント　クサッテルカドーカ　ワカラン〈においをかいでみないと、腐っているかどうかわからない〉
カヤル〔動・五〕倒れる。補「孵化する」こともカヤルと言う。
カラミ〔名〕ご飯なしのおかず。例ホンナ　クドイモン／

カライモン　カラミデ　タベラレンテ〈そんな塩辛いものを、ご飯なしでは食べられないよ〉

カラツモン〔名〕　陶磁器一般の呼び名。瀬戸物。補福井では九州の唐津《からつ》付近で焼かれた焼き物が流通していたための呼称。

カル〔動・五〕　借りる。補東日本のカリル〔動・一〕に対して、カルは北陸も含む西日本での使用形。

カンカラカン〔形動〕　ひどく硬い様子。

ガンド〔名〕　のこぎり。

カンブクロ〔名〕　紙袋。補「かみぶくろ」の「み」の母音が脱落して「ん」となった形。

キツイ〔形〕　強い。例アンネ　シゴト　シテ　ツカレンナンテ　ナンタ　キツイ　ヒトヤロ〈あんなに仕事をして疲れないなんて、なんと強い人だろう〉

キバル〔動・五〕　頑張る。力む。

キンカンウリ〔名〕　真桑瓜《まくわうり》。

キンノ〔名〕　昨日。

クズケル〔動・一〕　崩れる。

クズヤ〔名〕　茅《かや》や藁《わら》で葺《ふ》いた屋根の家。

クネル〔動・五〕　足をひねる。つまづく。

グルリ〔名〕　周り。例ウチノ　グルリニ　キー　ウエタ〈家の周りに木を植えた〉

ケツベタ〔名〕　尻。

ケツマズク〔動・五〕　つまづく。

ケナルイ、ケナリー〔名〕　羨《うらや》ましい。補「普通と違っている、他より優れている」ことを表す意味の古語「異《け》なり」からの変化。「普通と違って優れている」ことに羨望《せんぼう》の感情を持つことがあることから「羨ましい」の意味が生じたのだろう。例イー　クルマ　コーテモロテ　ケナルイノー〈良い車を買ってもらって、羨ましいね〉

ケブタイ〔形〕　けむたい。

ケブリ〔名〕　煙。

ゲラ〔名〕　よく笑う人。笑い上戸。

ケンケン〔名〕　片足跳び。

ゴアサッテ〔名〕　明々後日。シアサッテ〈明明後日〉の翌日。

コエル〔動・一〕　太る。「肥《こ》える」から。

ゴエンサマ、ゴエンサン〔名〕　寺の住職。補浄土真宗で「寺院の人間」の意味で使われた「御院《ごいん》さま」が変化したもの。

コケ〔名〕　茸《きのこ》の総称。補「苔」もコケと言うが、能登《のと》半島先端部を除く北陸地方と隣接する岐阜と新潟の一部では、同じ地面から生えるものということで「茸」もコケと言うようになったと思われる。

コスイ〔形〕 ずるい。すばしこい。

ゴゼン、ゴゼンサマ〔名〕 寺の住職。補日蓮宗での言い方。

コソバイ〔形〕 くすぐったい。補「くすぐる」の意味の動詞形はコソバス、コソバカス。例ホンナ トコ ナブッタラ コソバイゲノ〈そんなところを触ったら、くすぐったいよ〉

コッセル〔動・一〕 作る。拵《こしら》える。

ゴッツォ〔名〕 ご馳走。食後の挨拶言葉はゴッツォサン。

コッテウシ、ゴッテウシ〔名〕 雄牛。

コッパ〔名〕 木の切れ端。補「木っ端《こば》」から。

コッペナ〔形動〕 生意気な。補中世末期の京都語「こっぺい」（「子どもがませた言動をすること」を指した「こうへい」からの変化形）に由来。例アイツァ コッペナ コトバッカ ユーテル／ユートル〈あいつは生意気なことばかり言っている〉

ゴトバナ〔名〕 粘り気のある濃い鼻汁。

コビリ、コビル〔名〕 作業の間のおやつ。「小昼《こびる》」から。

コブラ〔名〕 腓《こむら》。腓の部分がつったような状態になることをコブラガエリと言う。

コベンタマ〔名〕 額《ひたい》。補「頭《こうべ》の玉」からの変化形。

コログ〔動・五〕 転ぶ。

コワイ〔形〕 硬い。

コワス〔動・五〕 お金を細かく両替する。

コンカ〔名〕 米を精米したときに出る米糠《こめぬか》。

ゴンボ〔名〕 牛蒡《ごぼう》。

ザイゴ〔名〕 田舎。補「在郷《ざいごう》」から。

サイサイ〔副〕 いつも。しょっちゅう。

ザイショ〔名〕 村。集落。補「在所」から。

サトマワリ〔名〕 蛇の青大将。補「里回り」の意。

サビシナイ〔形〕 寂しい。補サビシナイの～ナイは否定のナイではなく形容詞化接尾辞のナイ。

サマカス 〔動・五〕 冷《さ》ます。

サンマイ〔名〕 村内の火葬場。補「三昧場《さんまいば》」の「場」を略した形。

シグ〔動・五〕 死ぬ。補福井県方言では「死ぐ」のようにガ行に活用した。

ジジム〔動・五〕 にじむ。

シミル〔動・五〕 凍る。

シャク〔動・五〕 裂く。
シャクル〔動・五〕 急に強く引っ張る。
シャベリバチ〔名〕 おしゃべりな人。
ショーケ〔名〕 一方が細く口があいた目の細かい竹製の笊《ざる》。
スイ〔形〕 酸っぱい。
スカント〔副〕 すっかり。残らず。
スコ〔名〕 郷土料理としての赤ずいきの酢の物。
ススバキ〔名〕 煤《すす》払い。
スベント〔副〕 すっかり。
スマッコ〔名〕 隅。隅っこ。
ズル〔動・五〕 滑り下る。山や崖の土砂崩れを言うことも。
セーコガニ〔名〕 雌のずわい蟹。
セド〔名〕 家の裏庭。補中世語で裏門、裏口の意で用いた「背戸《せど》」に由来。
セワシナイ、セワシネー〔形〕 忙しい。
センザイ〔名〕 池や植え込みのある庭。補古語「前栽《せんざい》」に由来。
センチ〔名〕 屋外の大便所。補「便所」の意の古語「雪《せっ》隠《ちん》」からの変化形。
ソゲ〔名〕 指など、体の一部に刺さる針状の木や竹のかけら。

ソコラアタシ〔名・連〕 そのあたり。
ソヤトコト〔感・連〕 そうだとも。ホヤトコトとも。
ソラムク〔動・五〕 仰向く。
タイモ〔名〕 里芋。補畑だけでなく田んぼの脇の土地で作られることが多かったことから「田いも」と呼ばれるようになったようだ。
タキモン、タクモン〔名〕 薪《たきぎ》。「焚《た》き物」から。
タゴケ〔名〕 田畑の肥料とする糞尿を入れる肥桶《こえおけ》。
タシナイ〔形〕 足りない。
タチモン〔名〕 建物。
ダチャアカン、ダチャカン〔形〕 駄目だ。補「埒《らち》あかん」からの音変化形。
タッシャナ〔形動〕 元気な。丈夫な。補「達者な」から。
タッテアルク〔動・五・連〕 立ち歩く。跳び回る。
ダテコキ〔名〕 おしゃれをする人。例アノ ヒト ダテコキヤデ イツモ イー フクバッカ キテル／キトル〈あの人はおしゃれだから、いつも良い服ばかり着ている〉
ダラクサイ〔形〕 だらしない。例ダラクサイ アタマ シテエント／シトラント ハヨ サンパツ イッテキネ〈だらしない髪をしていないで、早く散髪に行ってきなさい〉

ダワモン〔名〕怠け者。

ダンナイ〔形〕大丈夫。構わない。補「大事ない」からの音変化形。

チーセー〔形〕小さい。

チソ〔名〕紫蘇《しそ》。

チビット〔副〕少し。補「ちょびっと」からの音変化形。

チャガチャガ〔形動〕ひどく乱れた状態。例ソージ シタコト ネーデ／シタコト ナイサカイ ヘヤンナカ チャガチャガヤ〈掃除したことがないから部屋の中はごちゃごちゃだ〉

チャッチャト〔副〕すばやく。さっさと。例グズグズ シテエント／シトラント チャッチャト ヤンネ〈ぐずぐずしていないで、さっさとやりなさい〉

チョーダル〔動・五〕下さる。例トナリノ ヒトガ オミヤゲ チョーダッタ〈隣の人がお土産を下さった〉

チョカ〔名〕軽率な人。そそっかしい人。例ウチノ コ チョカヤデ ケガバッカ シテル／シトル〈うちの子はそそっかしいから、怪我ばかりしている〉

チョッキリ〔副〕ちょうど。例サイフニ チョッキリ ヒャクエン アッタ〈財布にちょうど百円あった〉

チョッコシ〔副〕少し。

チョットモ〔副〕少しも。

ツシ〔名〕天井裏や中二階の物置。

ツバメ〔名〕桑の実。補福井県では嶺北から嶺南東部にかけての呼称。

ツベタイ〔形〕冷たい。

ツラガル〔動・五〕体を支えるために何かにつかまる。

ツンバリ〔名〕つっかい棒。補「つっかい」は「突っ支《か》い」の意味。

テキナイ、テキネー〔形〕病気で体がつらい。補「大儀《たいぎ》ない」から変化した近世上方語「てきない」に由来。例コドモァ テキネーッチュサケ ガッコ ヤスマシタンニャ〈子どもが体がつらいと言うから、学校を休ませたんだ〉

テショ〔名〕小皿。テシオとも。

テナワン〔形・連〕ずる賢い。手に負えない。補「手に合わん」がテニャワン、さらにテナワンと変化したもの。例アンナ テナワン ヤツ メッタニ エンヤロ／オランヤロ〈あんな手に負えないやつは、めったにいないだろう〉

デンデンムシ〔名〕蝸牛《かたつむり》。

テンポナ〔形動〕 非常に。無鉄砲な様。[補]本来「風に吹かれ、根を離れて転がっていく蓬《よもぎ》」を表す漢語「転蓬《てんぽう》」に由来すると考えられる。それが、人があてもなく漂泊《ひょうはく》することを言うようになり、さらにあてもなく思い切ってする様を表す意味となったものだろう。

トーニ〔副〕 ずっと以前に。

ドーギン〔名〕 袖無しの綿入れ半纏《ばんてん》。「胴着」から。

トシイク〔動・五・連〕 歳をとる。「歳が行く」から。

トシヨル〔動・五〕 歳をとる。「歳寄る」から。

トットク〔動・五〕 保管しておく。「取っておく」の音変化形。

ドベ〔名〕 びり。最下位。

ドモナラン〔形・連〕 どうしようもない。「どうもならん」の音変化形。

ドンケツ、ドンベ〔名〕 びり。最下位。

ナーモ、ナモ、ナンモ〔感〕 いいえ。「何も」からの音変化形。

ナガシ〔名〕 台所。炊事場。「流し」から。

ナガタン〔名〕 菜切り包丁。「菜刀《ながたな》」から。[例]コノ　ナガタン　キレヤンデモタ／キレヤンデシモタ〈この菜切り包丁は切れなくなってしまった〉

ナキミソ〔名〕 よく泣く人。泣き虫。

ナケナ〔形・連〕 ～なければ。[例]オカネ　ナケナ　ナーモ　デキン〈お金がなくては何もできない〉

ナス〔動・五〕 返済する。

ナブル〔動・五〕 触る。[例]テー　ヨゴレルデ／ヨゴレルサカイ　ナブッタラ　アカン〈手が汚れるから触ってはだめだ〉

ナモカモ〔副〕 何もかも。

ナンキン〔名〕 南瓜《かぼちゃ》。

ニワ〔名〕 玄関を入ったところの土間。

ニンナラン〔形・連〕 構わない。[例]ナーモ　ニンナランノヤデ　キニセントキネ〈何も構わないのだから気にしないでおきなさい〉

ヌクトイ、ノクトイ〔形〕 温かい。

ネコログ〔動・五〕 寝転ぶ。

ネブル〔動・五〕 舌でなめる。[補]雅語「舐《ねぶ》る」から。

バイ〔名〕 棒。

ハカイク〔動・五〕 捗《はかど》る。

ハゴタエ〔名〕 口ごたえ。

ハサバ〔名〕 稲架《はさ》。
ハシカイ〔形〕 すばしこい。賢い。例ハシカイ コヤノー〈すばしこい子だね〉
ハシッタルク〔動・五・連〕 走り回る。「走って歩く」から。
ハスカイ〔名〕 斜め。例ウチノ ハスカイニ イケー／イカイ ミセァ デキタ〈我が家の斜め前に大きな店ができた〉
ハラフクレル〔動・一・連〕 満腹になる。「腹（が）ふくれる」から。
バンゲ〔名〕 晩方。夕方。
バンバコ〔名〕 木製雪掻き具。バンバとも。
ヒザンポ〔名〕 膝頭。
ヒトイキ〔副〕 一時期。例アノヒト ヒトイキ シジュツシテ シゴト ヤスンデナシタラシーノー〈あの人、一時期仕事を休んでいらしたらしいね〉
ヒビリイク〔動・五・連〕 ひびが入る。例ジシンデ ウチノ カベニ ヒビリイッタ〈地震で家の壁にひびが入った〉
ビブラ、ベブラ〔名〕 竹製の熊手。
ヒボ〔名〕 紐。補ヒモのモがボに変化した形。
ヒリツク〔動・五〕 ひりひりする。

ヒワスイ〔形〕 弱々しい。例コノ イタ ヒワスイデ オモイモンワ ノセラレンワ〈この板は薄くて弱々しいから重いものは載せられないよ〉
ブト〔名〕 体が小さくて人畜の血を吸う虫の蚋《ぶゆ・ぶよ》。
ヘグ〔動・五〕 剝《は》ぐ。
ペケ〔名〕 ×印。
ヘシコ〔名〕 魚の糠漬けの総称。
ヘタ〔名〕 舌。
ヘッコム〔動・五〕 へこむ。引っ込む。
ホイテ〔接〕 そして。
ホーベタ、ホベタ〔名〕 頰《ほお》。ほっぺた。
ホーヤ、ホヤ〔感〕 そうだ。応答詞。
ホコ〔名〕 そこ。
ホズク、ホツク〔動・五〕 ほどく。
ボタユキ〔名〕 水分の多い大粒の雪。
ホヤサケ、ホヤデ〔接〕 そうだから。
ホンコサン〔名〕 報恩講。
ホンナ〔連体〕 そんな。
ボンボ〔名〕 小粒の玉。
マガリト〔名〕 曲がる所。曲がり角。

マゼクリカエス〔動・五〕　かき混ぜる。
マゼル〔動・二〕　仲間に入れる。
マブイ〔形〕　眩《まぶ》しい。
マブシ〔名〕　蝮《まむし》。
マルコイ〔形〕　丸い。
マンプ、マンポ〔名〕　トンネル。補「坑道」を意味する「間歩《まぶ》」に由来する。
ミシカイ〔形〕　短い。
ミズボ〔名〕　未熟な果実。
ミンナシテ〔副〕　皆《みんな》で。
ムグ〔動・五〕　もぐ。
ムダカル〔動・五〕　糸や紐がもつれる。例イトァ　ムダカッテ　ホドケンワ〈糸がもつれて、ほどけないよ〉
ムツカシー〔形〕　難しい。
メイボ、メーボ〔名〕　麦粒腫《ものもらい》。補嶺北北部方言ではメモライと言う。
メッコメシ〔名〕　半煮えの芯《しん》のあるご飯。
メロ〔名〕　女性の蔑称。「野郎」に対比して造られた語「女《め》郎《ろう》」に由来。
モチャスビ〔名〕　おもちゃ。例モチャスビ　シテエント／シトラント　ハヨ　タベネ〈おもちゃにしていないで、早く食べなさい〉
モノゴイ〔形〕　悲しい。心配な。精神的につらい。補古語「もの憂《う》い」がモノオイ→モノゴイと変化した形。例ジシンデ　ヨーケ　ヒトガ　シギナシテ　モノゴイコッチャ〈地震でたくさんの人が亡くなられて、悲しいことだ〉
モモタ〔名〕　股《もも》。
ヤットコスットコ〔副〕　やっと。どうにかこうにか。
ヤラカイ、ヤラコイ、ヤワコイ〔形〕　柔らかい。
ヤンチャボ〔名〕　いたずらな子ども。「やんちゃ坊」から。
ユキガミナリ〔名〕　降雪の前触れの雷。
ユキノケ〔名〕　除雪。
ユキヤケ〔名〕　霜焼け。補現在はユキヤケというと、スキーなどをしていて雪に反射する紫外線で日焼けすることを指すが、日本海側の降雪地帯では、雪が降る頃にできるところから「霜焼け」を以前はユキヤケ〔雪焼け〕と呼んだ。
ユンベ、ヨンベ〔名〕　昨夜。
ヨーケ〔副〕　たくさん。例オカネ　ヨーケ　モーケタ〈お金をたくさん儲けた〉
ヨクドシー〔形〕　欲深い。

ヨサリ〔名〕　夜。補「夜」の意味の雅語「夜さり」から。
ヨシカカル〔動・五〕　寄りかかる。
ヨバル〔動・五〕　呼ぶ。
ヨバレル〔動・一〕　招きを受ける。食べ物をいただく。例シンルイノ　ケッコンシキデ　ウマイモン　イッパイ　ヨバレタ〈親戚の結婚式で美味しいものをたくさんいただいた〉

ヨワミソ〔名〕　弱虫。
ヨワル〔動・五〕　困る。例キンノワ　オカネ　オトイテ　ヨー　ヨワッタ〈昨日はお金を落として大変困った〉
ロクサッパ〔副〕　ろくに。
ワガミ〔名〕　自分自身。
ワザニ〔副〕　わざわざ。わざと。
ワラビシー〔形〕　子どもっぽい。

二　嶺北方言の語彙

ここでは、嶺南地方では使われない、嶺北地方に特徴的な方言語彙〈現在も高年層においては使用される、あるいは理解されるであろう〉の主要なものを五十音順に挙げておく。「嶺北・嶺南方言に共通の語彙」の場合と同様に、見出しの方言形を示し、下の括弧内にその共通語的意味を挙げ、さらに必要に応じて補の後に補足説明などを加えるとともに、一部の語の例文を例として文節分かち書きの表音的片仮名表記で載せ、その共通語訳を〈　〉に入れて示した。

アガル〔動・五〕　作業を終えて帰宅する。例モー　オヒル　ヤシ　シゴト　ヤメテ　アガロッサ〈もうお昼だから、仕事をやめて家に帰ろうよ〉

アコ〔名〕　あそこ。
アサネコキ〔名〕　朝寝坊。
アゼマメ〔名〕　田の畦《あぜ》で作る大豆。

アバサケル〔動・二〕　子どもがふざけ騒ぐ。例イツマデモ　アバサケテエント　ハヨ　ガッコー　イキネ〈いつまでもふざけていないで早く学校に行きなさい〉
イカリコ〔名〕　渡り鳥の鵤《いかる》の呼称。
イコル〔動・五〕　沈殿《ちんでん》する。
イスグ〔動・五〕　すすぐ。
イツモサモ〔副〕　いつでも。いつもかも。
イモホリ〔名〕　両生類の井守《いもり》。
イラチカ〔名〕　布を巻いたゴム紐。補イタリア語のエラスティコ(elàstico)に由来するか。英語はエラスチック。この語がなぜ福井でだけ方言化したのかは不明だが、繊維産業が盛んな福井・石川で大正時代頃に布で巻いたゴム紐の生産が始まり(石川県鹿島《かしま》郡の工場が最初とされる)、その技術を伝えたのがイタリア人であった可能性がある。例パンツノ　イラチカ　ノビテモテ　ヨー　ヨワッタ〈パンツのゴム紐が伸びてしまって大変困った〉
イリイリシル〔動・サ〕　やきもきする。
ウデル〔動・二〕　茹《ゆ》でる。
ウットヌケ〔形動〕　途中に遮《さえぎ》るものがない状態。
ウモナイ、ウモネー、ンモネー〔形〕　おいしくない。まずい。

ウレッシャ〔形〕　嬉しい。
エン〔動・二〕　いない。補元は「いない」にあたるインだったが、イがエに変化した形。例クロー　ナッタラ　ダレモ　ソト　アルイテエン〈暗くなったら誰も外を歩いていない〉
エンゾ〔名〕　道路脇などの溝。補古語「堰溝《いみぞ》、井溝」に由来。
オアンサン〔名〕　良家の主人。
オインナル〔動・五〕　いらっしゃる。
オジジ〔名〕　お祖父さん。
オジボ〔名〕　弟。
オチョキン〔名〕　正座。例ギョーギョー　シテ、オチョキン　シテ　タベナ　アカンザ〈行儀よくして、正座して食べなくてはいけないよ〉
オチラシ〔名〕　麦焦がし。
オババ〔名〕　お祖母さん。
オボサン〔名〕　良家の男の子。
オジョロサン、オジョルサン〔名〕　良家の奥様。補身分の高い女性を指した「上臈《じょうろう》」から。
カエッコ〔名〕　交換。
カサッパチ〔名〕　できものや傷の治りかけにできるかさぶた。

カシク、カシグ〔動・五〕　米を研ぐ。例コメ　カシーデゴハン　タイトイテマ〈米を研いで、ご飯を炊いておいてよ〉

カスナ〔副〕　とても。大変な。例オマゴサン　シバラク　ミンマニ　カスナ　イコナンナシタ〈お孫さん、しばらく見ない間に、ずいぶん大きくなられた〉

カゼネツ〔名〕　風邪をひいたときなどにできる口角炎、口内炎。例カゼネツ　デキテルデ　アツイモン　タベルト　クチノハタ　シミルワ〈口角炎ができているので、熱いものを食べると口の端がしみるよ〉

カタイ、カテー〔形〕　元気な。丈夫な。補「体が硬い」の「硬い」が「頑強な」の意味となったもの。石川・富山両県では「考え方が堅い」から「堅い」は「堅実さ」を表すようになり「利口だ。真面目だ」の意味となる。例ナガイコト　アワナンダケド　カタカッタケノ〈長い間会わなかったけれど、元気だったかい〉

カタガル〔動・五〕　傾く。例カベノエ　カタガッテルンデネンカ〈壁の絵が傾いているのではないか〉

カタグ〔動・五〕　片方の方で物を担ぐ。

カタモチ〔名〕　うるち米を混ぜて作った餅。

カツ〔動・五〕　打つ。補カチが接頭辞的使われたカチアタル〈強く当たる〉、カチコム〈打ち込む〉、カチダス〈打ち出す〉、カチナグル〈強くなぐる〉などもある。

カッペカッペ〔形動〕　糊や鼻水などが乾いた様子を表す擬態語。

ガッポ〔名〕　空洞。

カド〔名〕　家の前の場所。補カドグチは「玄関」の意味となる。

カナワン〔形〕　叶わない。困る。

ガボル〔動・五〕　雪や泥に足がはまり込む。補嶺北北部のゴボルと嶺北南部のガブルの混淆形として新たに生まれた言い方。水分を多く含んだ北陸の雪に足がはまり込む際の音から生まれたオノマトペ的動詞。例ユキニ　アシガ　ガボッテ　ヨワッタノー〈雪に足がはまり込んで困ったねえ〉

カンカン〔形動〕　固い様子を表す擬態語。

カンニンノ〔感〕　カンニンは「堪忍」で、相手に謝罪するときの言い方。

キガケ〔名〕　来る途中。例ガッコー　キガケニ　ミチデ　サイフ　オトイテキタ〈学校に来る途中に、道で財布を落

としてきた〉

キビス〔名〕 踵《かかと》。

ギャル、ギャルメ〔名〕 蛙。補ギャルメのメは卑称の接尾辞。メはイヌメ〈犬〉、ウシメ〈牛〉、ネコメ〈猫〉、ノンメ〈蚤〉など、卑称として一部の動物名に付いて用いられる。

ギャルグサ〔名〕 植物のミゾソバ。補ギャルグサの名の由来としては、この草がギャル〈蛙〉がいるような水気のある場所に生えるから、あるいはこの花で蛙を釣って遊んだからといった説がある。

ギョーサン〔副〕 たくさん。

ギリギリ〔名〕 旋毛《つむじ》。

クドイ〔形〕 塩辛い。例コノ　オツケ　カスナ　クドイデ　ノマレンテ〈この味噌汁はとても塩辛いから飲めないよ〉

クロガリ〔名〕 畦の草刈り。

ケナルガル〔動・五〕 羨ましがる。

ゴガツイモ〔名〕 馬鈴薯。「五月芋」の意。

コトツゲル〔動・一〕 言付ける。

コロバッタルク〔動・五・連〕 転がって歩く。補コロバッテアルクの傍線部がタに変化した形。

コンジョシ〔名〕 お人好し。馬鹿。補「根性良し」の変化形。

サビシネー〔形〕 寂しい。

サンニョ〔名〕 計算。補「算用」からの変化形。

シオクドイ〔形〕 塩辛い。

シゾコナイ〔名〕 失敗。補「し損《ぞこ》ない」から。

シャケル〔動・一〕 裂ける。

ジャミジャミ〔形動〕 テレビ画面が乱れた砂嵐状態。補方言の擬態語「じゃみじゃみ」は、元は目が疲れて霞んだり、しょぼしょぼしたりした状態を指したが、それが衰退する一方で、昭和三〇年代にテレビが普及すると「テレビ画面が乱れた状態」を指して使われるようになった。例ウチノ　テレビ　オゾイデ　スグ　ジャミジャミン　ナッテ　ミラレンヨンナル〈我が家のテレビは古いから、すぐに画面が乱れて見られなくなる〉

ジョリサン、ジョルサン、ジョロサン〔名〕 良家の奥様。補身分の高い女性を意味した「上臈」に「さん」が付いた形に由来。

ジョロカク〔動・五〕 あぐらをかく。補仏像の標準サイズとされた一丈六尺〈約四・八五メートル〉の「丈六仏《じょうろくぶつ》」があぐらをかいていることから、あぐらをかくことを「丈六かく」と言うようになった。例ジョロカイテ　ゴハン　タ

ベテルト　バチ　アタルザ〈あぐらをかいてご飯を食べていると罰があたるよ〉

ジラタイ、ジラテー〔形〕　ふざけた。ずるい。

スイロ〔名〕　風呂。

スズク〔形動〕　びしょ濡れ。

スベ〔名〕　藁しべ。

スベット〔副〕　すっかり。

ズリ〔名〕　橇《そり》。

スンバ〔名〕　杉の葉。

セワシネー〔形〕　忙しい。落ち着かない。

センチャ〔名〕　屋外の大便所。補便所をさす古語「雪隠《せっちん》」からの変化。

ソンナリ〔副〕　そのまま。

ダチャカン、ダチカン〔形〕　駄目だ。補「埒明かん」からの変化。

ダマス〔動・五〕　子どもをあやす。子守をする。

タルキ〔名〕　氷柱《つらら》。補古語「垂氷《たるひ》」が「屋根を支える垂木《たるき》の先に下がるから」との民間語源によってタルキに変化したもの。

ダンナンショ〔名〕　金持ちの家。資産家。補「旦那衆」からの変化か。

ダンネ〔形〕　大丈夫だ。構わない。補「大事ない」から変化した「だんない」の音変化形。例ワカッタ　ダンネザ〈わかった、大丈夫だよ〉

チャラスイ〔形〕　簡単だ。

チューブ〔名〕　輪ゴム。例オカシ　シミランヨーニ　フクロノ　クチ　チューブデ　トメトキネ〈お菓子がしけないように、袋の口を輪ゴムでとめておきなさい〉

チュックリサス〔動・五〕　突き刺す。

チュンチュン〔形動〕　湯が沸騰して熱い状態。

チョッコ〔副〕　少し。

ツツミ〔名〕　用水池。補水を湛えた池を指す雅語の「つつみ（堤）」から。

ツバキ〔名〕　唾。

ツルツルイッパイ〔形動〕　容器にあふれそうに液体が入った状態。例ホンネ　ツルツルイッパイ　イレタラ　コボレテマウゲノ〈そんなに一杯一杯に入れたら、こぼれてしまうよ〉

ツンツン〔形動〕　鉛筆の芯の先などが鋭く尖った様子。例アシタ　ダイジナ　シケンヤデ　エンピツ　ツンツンニ

ケズットケヤ〈明日は大事な試験だから、鉛筆を鋭く尖った状態に削っておけよ〉

デコンボ〔名〕人形。

デンキンバシラ〔名〕電柱。

テンポコキ〔名〕ほらふき。

トーキビ〔名〕玉蜀黍《とうもろこし》。

トーナワ〔名〕玉蜀黍。

トーニ〔副〕とっくに。

トキャク〔名〕蜥蜴《とかげ》。

トショリ、トッショリ〔名〕年寄り。老人。

ノクテー〔形〕暖かい。温かい。補嶺南東部でもヌクトイが分布。「頭が温かい」の「温かい」にあたるヌクトイおよびヌクトイが変化したノクテーが「馬鹿」の意味でも使われる。例サンガツン　ナッテ　ダイブ　ノクトナッテキタ〈三月になって、だいぶ暖かくなってきた〉

ハシカイ〔形〕むずがゆい。例クビスジニ　ワラスベガハイッテ　ハシカインヤッテ〈首筋に藁すべが入って、むずがゆいんだって〉
ハジシ〔名〕歯茎。補「はじし」の「しし」は肉を意味する古語。例ムシバデ　ハジシ　ハレテ　イテンニャ〈虫歯で歯茎が腫れて痛いんだ〉
ベト〔名〕土。例ベトニ　バイ　チュックリサイテ　ヨーアソンダノー〈土に棒を突き刺して、よく遊んだね〉
ヘンモナイ、ヘンモネー〔形〕つまらない。物足りない。例コロナデ　ドコモ　イカレンデ　ヘンモネーノ〈コロナ禍でどこも行けないので、つまらないね〉
モツケナイ、モツケネー〔形〕かわいそうだ。大変だ。例イケー　ケガ　シナシテ　モツケネーノー〈大きい怪我をなさって、かわいそうだね〉

三　嶺南方言の語彙

ここでは、嶺北地方では使われない、嶺南地方に特徴的な方言語彙（現在も高年層においては使用される、あるいは理解されるであろう）を五十音順に挙げておく。「嶺北・嶺南方言に共通の語彙」「嶺北方言の語彙」の場合と同様に、見出しの方言形を示し、下の括弧内にその共通語的意味を挙げ、さらに必要に応じて[補]の後に補足説明などを加えるとともに、一部の語の例文を[例]として文節分かち書きの表音的片仮名表記で載せ、その共通語訳を〈　〉に入れて示した。

アカイ〔形〕　明るい。

アワイ〔形〕　（塩味が）薄い。

イキル〔動・五〕　勢いづいて騒ぐ。

イナキ〔名〕　稲架《はさ》。

イヌ〔動・五〕　行く。帰る。[補]ナ行変格活用動詞「往《い》ぬ」から。

イラチ〔名〕　せっかちな性格な人。

ウチトコ〔名・連〕　私の家。

エロー〔形〕　とても。

オイデヤス〔感〕　いらっしゃい。客迎えの挨拶言葉。

オクレヤス〔感〕　下さい。

オジ、オジボン〔名〕　弟。次男以下の男兄弟。

オシマイナ〔感〕　夕方の仕事終わりの挨拶語。

オゾイ〔名〕　恐ろしい。[補]三方上中《みかたかみなか》町付近での言い方。

オタメ〔名〕　返礼の品物。

オチン、オッチン〔名〕　正座。

オトゴ〔名〕　末っ子。

オトマシー、ウトマシー〔形〕　わずらわしい。五月蝿《うるさ》い。やっかいだ。[補]「疎《うと》ましい」に由来。

オナゴ〔名〕　女性。

オヒサン〔名〕　太陽。
オマサン〔名〕　対称代名詞の「あなた」にあたる呼称。補「お前さん」からの音変化形。
カナゴ、カナゴサン〔名〕　囲炉裏《いろり》で鍋や薬罐《やかん》などを乗せた大型の五徳《ごとく》。
カマヘン〔感〕　構わない。応答詞。
カンコクサイ〔形〕　きな臭い。
キショクワルイ〔形〕　気味が悪い。
ギットカク〔動・五〕　あぐらをかく。嶺南東部での言い方。
キョートイ〔形〕　恐ろしい。補嶺南西部（おおい町、高浜町）での言い方。京都語「気疎《けうと》い」からの変化形。
グイル、グワル〔動・五〕　雪や泥に足がはまり込む。補いずれも水分を多く含んだ北陸の雪に足がはまり込む際の音から生まれたと思われるオノマトペ的方言。
クサビラ〔名〕　茸《きのこ》の総称。
クチナワ〔名〕　蛇。
クドイ〔形〕　油っこい。
ケヤス〔動・五〕　消す。
ゴーガワク〔動・五〕　腹が立つ。
コケル〔動・一〕　転ぶ。倒れる。
コサゲル〔動・一〕　削り落とす。
コナイニ〔副〕　このように。
コマイ〔形〕　細かい。
ゴモク、ゴモクタ〔名〕　川のごみ。
コンメ〔名〕　お手玉。補嶺南東部での言い方。
サブイボ〔名〕　鳥肌。
スイバラ〔名〕　木や竹の小片のとげ。
ススドイ〔形〕　すばしこい。
ズツナイ〔形〕　頭痛がする。つらい。
スリヌカ〔名〕　籾殻《もみがら》。
センド、センドマ〔副〕　長い間。
ソーデッカ〔感〕　そうですか。応答詞。
ダンナイ〔形〕　大丈夫だ。構わない。補「大事ない」からの音変化形。
ツジ〔名〕　旋毛《つむじ》。補嶺南東部での言い方。
ツワ〔名〕　唾。
テンゴリ、テグリ〔名〕　労働交換。補「手繰《てぐ》り」から。
テンポナ〔形動〕　非常に。とても。補漢語「転蓬《てんぽう》」に由来する近世上方語「てんぽ」が伝播したもの。例テンポナ
ユキ　フッテ　ヨー　ヨワッタ〈たくさん雪が降って、大

変困った〉

テンポニ〔副〕　大変。

ドヤス〔動・五〕　どなる。

ナカサイ〔名〕　物と物の間。

ナルイ〔形〕　なだらかな。

ナンカ、ナンゾ〔名〕　おやつ。補ナンカ、ナンゾとも「何か」の意味。子どもがおやつに「何かくれ」という場合の「何か」にあたるナンカ、ナンゾがおやつを指すことになった。

ナンゾ、ナンド〔名〕　氷柱《つらら》。補江戸時代の貨幣「南鐐《なんりょう》(二朱《にしゅ》銀《ぎん》)」に似ていたことで呼ばれたナンリョーからの音変化形。冬に子どもが「おやつ」かわりにかじったりしたことから、「おやつ」の方言ナンゾの発音に引き寄せられた類音牽引によるもの。

ナンバ、ナンバン、ナンバンキビ、ナンバントキビ〔名〕　玉《とう》蜀黍《もろこし》。

ナンリョー、ナンジョー〔名〕　氷柱。補ナンリョーは、氷柱が江戸時代に流通した長方形の銀貨幣の一種である「南鐐」に似ていたことから氷柱の異称となった。

ニナウ〔動・五〕　天秤棒《てんびんぼう》を使って、棒の両側に荷物を下げて一人でかつぐ。補天秤棒はニナイボーと言う。

ネジクル、ネスル〔動・五〕　なすりつける。

ノッケンカラ〔副〕　はじめから。最初から。

ノブトイ〔形〕　図々しい。

バギ、バンギ〔名〕　囲炉裏などで燃やす割木《わりき》。補薪《たきぎ》、割木を指して嶺北・嶺南地方で広く使われたバイギからの変化形。

ハジキ、ハージキ〔名〕　おはじき遊び。

ハタガミ〔名〕　雷。補激しい雷をさす「霹靂神《はたたがみ》」からの変化形。

ハッタイ、ハッタイコ〔名〕　麦焦がし。麦を煎って粉に挽《ひ》いたもの。補砂糖を入れて湯で溶いておやつとして食べた。

ビッチュー、ビッチョ〔名〕　刃が三つに分かれた三つ鍬《くわ》の一種。「備中《びっちゅう》(鍬)」から。

ヒザボン〔名〕　膝。

ビン、ビンチョ〔名〕　女の子。

フザカス、フジャカス〔動・五〕　水につけてふやかす。「ふやかす」からの音変化形。補「(水につけて)ふやける」にあたる自動詞形はフジャケル。

フナミ、フナビ、ヒナミ、ヒナビ〔名〕　桑の実。

ヘシナベル〔動・五〕 野菜などが水分を失って萎《しな》びる。
ヘチャ〔名〕 柿や茄子などの蔕《へた》。
ヘドコ〔名〕 形がゆがんでいびつな箱や薬罐、鍋など。
ヘンネシスル〔動・サ〕 拗《す》ねる。やきもちを焼く。
ホーケ〔名〕 馬鹿。
ホーヤケンド〔接〕 そうだけれど。
ホカス〔動・五〕 捨てる。
ボコイ、ボッコイ〔形〕 変だ。よくない。
ホダレ、ボーダレ、ボーダラ〔名〕 氷柱。補 敦賀市に分布する方言形。
ホッコリシタ〔他〕 疲れた。例 イネカリァ　オワッテ　ホッコリシタ〈稲刈りが終わって疲れた〉

ホテカラ〔接〕 それから。
ボル〔動・五〕 果実をもぐ。
ボン〔名〕 小さい子ども。
マゴジーサン〔名〕 祖父。
ミンジャ〔名〕 家の中の流し。台所。補「水屋」の音変化形。
メグ〔動・五〕 壊す。補 自動詞形はメゲル〔動・一〕。
メバイ、メバユイ、メブイ〔形〕 まばゆい。
モモケル〔動・一〕 毛羽立つ。
ヤグサイ〔形〕 きな臭い。
ヤクメシ〔名〕 握り飯。
ヤット、ヤットブリ〔副〕 たくさん。
ユキオコシ〔名〕 冬の降雪の前触れの雷。

コラム❽

福井県人が残したい、好きな方言とは？

一九九〇・二〇〇〇年度の二年間、ＮＨＫ放送75周年事業「二一世紀にのこしたい　ふるさと日本のことば」記録事業の福井県域監修者として加藤が協力した。福井の方言を様々な角度から取り上げて映像として記録するとともに、それらの映像素材を活用しての総集編は、解説者として加藤、福井ゆかりのゲストとして歌人・俵万《たわらま》智《ち》氏が出演して、ＮＨＫ教育テレビで二〇〇〇年七月一六日に「ふるさと日本のことば　福井」として全国放送された。その全国放送のためにＮＨＫ福井放送局が県内の視聴者に「21世紀に残したいお国ことば」を募集したところ、ベスト10は以下のものであった。

「ほや、ほやほや」〈そうだ、そうだそうだ〉、「かたいけの」〈元気かい〉、「てきない、てきねー」〈体がつらい〉、「おちょきん」（正座）、「けなるい」〈羨《うらや》ましい〉、「つるつるいっぱい」〈容器に液体が溢《あふ》れそうに入った状態〉、「うら、うらら」〈私、私たち〉、「じゃみじゃみ」〈テレビ画面が乱れた状態〉、「だんね」〈差し支えない〉、「きのどくな」〈ありがとう〉。

視聴者から「21世紀に残したいお国ことば」として挙げられたもので多かったものには、ほかに、「ねまる」〈座る〉、「ものごい」〈精神的につらい〉、「おぞい」〈ふるぼけた〉、「おとましい」〈もったいない〉、「もつけねー」〈かわいそうな〉などがあり、さらに、「べと」〈土〉、「こびり」〈作業の合間の間食〉、「ばい」〈棒〉、「いらちか」〈布を巻いたゴム紐〉、「てなわん」〈手に負えない〉、「ながたん」〈菜切り包丁〉、「おつくね」〈おむすび〉、「じょろかく」〈胡座《あぐら》をかく〉、「せんば」〈十能〉、「はちもん」〈馬鹿〉、「あかしもん」〈謎々〉、「あんま」〈お菓子〉、「うざくらしい」〈うっとうしい、うるさい〉、「けつべた」〈尻〉、「こっぺな」〈生意気な〉、「すいろけ」〈風呂〉、「そうけ」〈竹製ざる〉、「たるき」〈氷柱〉、「ちゃがちゃが」〈乱れた様子〉、「つし」〈家の天井裏や中二階の物置〉、「てんこな」〈乱暴な〉、「なかおり」〈半紙〉、「ねんね」〈赤ん坊〉、「はしかい」〈賢い、すばしこい〉などを挙げる人もいた。これらは、そのほとんどが嶺北地方を中心に使われる方言である。

なお、以上のうちでは、上の世代では比較的今も受け継がれている「ほや、ほやほや」「かたいけの」「てきない、てきねー」「おちょきん」「けなるい」「つるつるいっぱい」「うら、うらら」「じゃみじゃみ」「だんね」「きのどくな」「ねまる」「ものごい」「おぞい」「おとましい」「もつけねー」「こびり」「てなわん」「うざくらしい」「こっぺな」「ちゃがちゃが」「ねんね」「はしかい」を含め、若い世代では「ほや、ほやほや」「おちょきん」「つるつるいっぱい」「じゃみじゃみ」「だんね」「おぞい」を除くと、残念ながらほとんど使われなくなっている。

（加藤和夫）

コラム❾

冬（雪）の生活と方言

「東北地方は寒くて口をあまり開けないためにズーズー弁的発音になった」という話がまことしやかに語られることがあるが、言語学的・音声学的には、全く根拠のない、信じることのできない俗説である。

方言の発音（アクセント・イントネーションを含む）や文法などがその地方の気候風土の影響を受けるということはまず考えられないが、語彙《ごい》（単語）に関してはその可能性がある。

例えば、かつて風待ちで漁をしていた漁村では一般に風の名前（風位名《ふういめい》）が多くなるし、雪国には雪に関する語が多くなる。また、農村部に比べて社会構造が複雑になる城下町では、方言の敬語や挨拶表現が発達する傾向がある。ここでは、雪国福井の冬（雪）の生活に関わる方言語彙の世界を見てみよう。

(1) 雪の種類名

福井県内でも積雪量が比較的少ない平野部（福井市など）では雪の種類名は少ないが、積雪量が多い奥越《おくえつ》地方では雪の種類名も多くなるようだ。

天野義廣（一九七四）によれば、大野市とともに雪が多い勝山《かつやま》市では次のような二〇種ほどの雪の名が報告されている。総称としてのユキのほか、ミズユキ・ミゾユキ・ミゾレ〈以上は雨混じりの雪。みぞれ〉、ボタモチユキ・ボタユキ・ワタユキ・フワフワユキ・フワユキ〈以上は牡丹雪《ぼたんゆき》。湿り気のあるぼたぼたした大きな雪〉、ホヤユキ・ワカユキ・シンユキ〈以上は降りたての新しい雪〉、コンカユキ・コナユキ・カルユキ〈以上は粉雪。小さくさらさらした雪〉、シミユキ・カタユキ〈堅く凍った雪〉、ヤコユキ〈軟らかい雪〉、ヨコフブキ〈横なぐりに降る雪〉などである。

(2) 「雪渡り」の呼称

「雪渡り」とは宮沢賢治の童話のタイトルから取ったものである。かつての中央語地域である京都や、その後の江戸・東京では雪がほとんど積もらないため、「雪渡り」にあたる遊びも存在せず、共通語形が存在しないために仮に「雪渡り」と呼んでおく。

「雪渡り」とは、冬の晴れた寒い朝、降り積もった雪の表面が放射冷却で凍って、普段は足がはまって歩けない雪の原を駆け回ったり、そこを歩いて学校まで行ったりして遊ぶことを指す。「雪渡り」をした経験のない人は、雪の上を歩いたり走ったりすることがなぜそんなに面白いのかと思われるかもしれないが、子どもにとってはこれが実に爽快で楽しいのだ。暗い冬の空から久しぶりに開放され、青空の下で雪の原を駆ける楽しさは、雪国の子ども、そういう経験をした子どもにしか理解できないものだろう。

宮沢賢治も童話「雪渡り」の冒頭で、「雪がすっかり凍って大理石よりも堅くなり、（中略）こんな面白い日が、またとあるでしょうか。いつもは歩けない黍《きび》の畑の中でも、すすきで一杯だった野原の上でも、すきな方へどこまでも行けるのです」と書いている。

福井県嶺北地方では、「雪渡り」にあたるものをオシャランノル（越前市坂口地区）、オソラニノル、オショーラノル、オショーランノル、オショライノル、オシャレノルなど（勝山市）、ほかにシミノリ、シモノリ（福井市）、ソラニノル、オソラノル、オシャレノル、ソラアルキ、オシャリンコ、オショリンコなどの言い方があった。

藤岡陽子さんの小説が原作で二〇二二年に映画化された「おしょりん」のオショリンもその一つである（原作も同名）。オシャラ、オショーラ、オショライ、オショリンなどについては、その自然現象を神秘的なものと捉えて「お精霊《しょらい》」からと説明する人もいるようだが、石川県や勝山市など福井県の一部にも聞かれる「オソラニノル」「ソラアルキ」（白い雪原を空の雲に見立てた「お空に乗る」「空歩き」の意）の「オソラ（お空）」からの音声変化形と考えられる。

(3) 除雪作業と除雪具

除雪することを福井では、ユキノケ、ユキカキなどと言う。雪の降らない地方から北陸に移り住んだ人は、水分を多く含んだ重い雪の除雪作業に音《ね》を上げる人が多い。同じ除雪作業を、石川県の金沢市近辺ではユキスカシ（雪が重いので少しずつ透かすところから）、新潟県の豪雪地帯ではユキホリ〈雪掘り〉、雪が軽い北海道ではユキハネなどと言い、雪の量や雪質の影響で除雪作業を指す方言に違いが見られるのは興味深い。

除雪具については、かつて使われていた木製雪掻《ゆきか》き具の呼称がある。除雪作業で活躍する道具というと、最近ではプラスチック製やアルミ製のスコップが一般的だが、以前は重い金属製のスコップ、さらにそれ以前には木製の雪掻き具がよく使われた。木製の雪掻き具は金属製のスコップに比べて軽く、特に屋根の雪下ろしの際に屋根瓦を傷つけにくい利点があった。

最近は見られなくなったが、木製の雪掻き具はバンバコと呼ばれた。バンバ、バンバコは嶺北《れいほく》地方の平野部で聞かれる言い方で、奥越《おくえつ》地方の大野市・勝山《かつやま》市では、バンバ、バンバコよりも古い呼び名と思われるコスキ、コースキ（「木鍬《こすき》」あるいは「掻鍬《かいすき》」から）と呼ばれた。一方、嶺南《れいなん》地方ではバンバのほか、ゴイズキ、テスキなどが聞かれた。

(4)雪道が踏み固められたツルツル状態

福井県（嶺北地方）では雪道が踏み固められて滑りやすいツルツル状態を、テカテカ、テカテカミチのように言うことが多い。同様の状態を言うキンカンナマナマという珍しい方言が隣の石川県金沢市中心部にある。雪道のツルツル状態を柑橘類の金柑《きんかん》の表面のツルツルした状態に喩えた金沢で生まれた方言と思われる。

(5)誰も歩いたことのない雪道

新雪が降ったあと、まだ誰も歩いていない道のことを福井県では、アラミチ（福井市方面から大野市方面にかけて）、サラミチ（嶺北地方南部から嶺南地方にかけて）のほか、ハツミチも稀に聞かれる。井上史雄・松井伸枝（一九八四）によると、サラミチは福井県を含む西日本に点在し、アラミチは岐阜を含めて北陸から東北にかけてまばらに連続していて、その境界線が福井市と越前市の間にあると言う。

(6) 雪道に足がはまる

雪道を歩いていると突然雪のやわらかい部分に足がはまってしまうことがある。福井県内ではそのように雪に足がはまることを表す雪国ならではの方言の動詞形がある。

加藤和夫(二〇〇一)でも取り上げたが、嶺北地方北部の福井市を中心とした地域では、ゴボル、ズボルなどと言い、嶺北南部ではガブルと言った。一方、嶺南地方ではグイルやグワルと言う。

これらはいずれも、北陸の水分を多く含んだ雪に足がはまったときのゴボッ、ズボッ、ガブッ、グイッ、グワッといった音を写した擬音語が動詞化したものと考えられる。なお、福井市近辺では、もともと使われていたゴボルと、鯖江《さばえ》市・越前《えちぜん》市方面で使われていたガブルが接触したことで混淆《こんこう》形のガボルという新方言が生まれ、ガブル地域に分布を広げつつある。

(7) 雪が降る前兆としての雷

太平洋側では雷というと夏の風物詩のように言われるが、日本海側では冬の風物詩である。北陸でも雷は冬に多く、雪が降る前兆としての雷ということで、嶺北地方ではユキガミナリ(勝山市ではユキフリガミナリ、ジガミナリとも)、嶺南地方ではユキオコシなどと言われることが多い。冬の雷は暗い雪雲の中から地を揺るがすようになり響く恐ろしいものであり、冬の風物詩といった風流な言い方はふさわしくない。

(加藤和夫)

コラム⑩

擬音語・擬態語の方言

福井県内の方言語彙《ごい》の中には、共通語やかつての京都語にもなく、当地で生まれたと考えられる擬音語・擬態語に由来する方言がいくつか見られる。その中から、ジャミジャミ、ツンツン、ツルツルイッパイを紹介する。

ジャミジャミとは、本来は「目が疲れてしょぼしょぼしたり、かすんだりする様子」をさした擬態語であった。それが衰退に向かう中で、テレビ画面が乱れた砂嵐状態を指すようになった。（注）英語 jaming（電波妨害する）が起源との説、あるいはそれをもとにテレビ業界の人が使ったという「ジャミる」からというのは俗説と考えるべき。

ツンツンは、嶺北《れいほく》地方と石川県加賀《かが》地方の白山麓《はくさんろく》の一部に分布する、鉛筆の芯が鋭く尖った状態を指す擬態語の方言である。同じく鉛筆の芯が鋭く尖った状態を、富山県ではツクツク・チクチク、石川県ではケンケン、愛知・岐阜両県ではトキントキンという擬態語の方言で表現するが、鉛筆の芯が鋭く尖った状態を表す擬態語の方言を持っているのは北陸三県と中部地方の愛知・岐阜、そして近畿地方の一部のみで、共通語をはじめ他の地域では、トガッテル、トガットルのようにしか言わないという点で興味深い。

ツルツルイッパイも擬態語の方言の例と見ていいだろう。嶺北地方を中心とした福井県と石川県加賀地方で使われる。容器に液体を一杯に入れ、今にもこぼれんばかりの状態を指すが、共通語にはそれにあたる言い方がないので、福井県では方言だと意識されずに使われることも多く、特徴的方言の一つとしてよく紹介される。

なお、ゴボル、ガブル、ガボル、グワル、グイルも、雪や泥に足がはまることを指す擬音に由来する擬音語の方言の例である（コラム❾参照）。

（加藤和夫）

第五章　福井県方言の変化

一　同一例文の方言訳にみる方言の変化
―福井市の高年層方言と、県内五地点の若年層方言―

筆者は、約二〇年前に福井市内の某ギフトショップからの依頼で、その店の包装紙に印刷するために、四八の会話文の福井市高年層方言訳を作成したが、ここではそこから一三を選び、その共通訳を見出しとして示し、その後に方言訳を原則として文節分かち書きで表音的片仮名表記した。そして、それと比較する形で、嶺北《れいほく》地方から福井市・越前《えちぜん》市・大野市の三地点と、嶺南《れいなん》地方から敦賀《つるが》市・小浜《おばま》市の二地点の、計五地点の最近の若年層方言訳を示した（若年層方言で複数の語、表現が見られた場合は、それらに「／」を挟んで併記することとした）。これにより、主要な語彙、語法・表現における福井市方言での世代的変化の様相を明らかにするとともに、県内五地点の若年層方言の共通点や相違点を概観する。

以下に示す若年層方言については、筆者が長く夏期集中講義を担当していた仁愛《じんあい》大学の受講生の協力を得た。

1　昨日は、うちの店でたくさん品物を買って下さって、ありがとうね。

【高年層方言】

福井市　キンノワ　ウチデ　ギョーサン　シナモン　コーテクンナッテ　オーキンノー。

【若年層方言】

福井市　キノーワ　ウチノ　ミセデ　ヨーケ／メッチャ／タクサン　シナモン　コーテクレテ／カッテクレテ　アリガトーノー。

越前市　キノーワ　ウチデ　ヨーケ／タクサン　シナモン　カッテクレテ　アリガトー。

大野市　キノーワ　ウチントコデ　イッパイ　シナモン　カッテクレテ　アリガトノー。

敦賀市　キノーワ　ウチデ　ヨーケ／タクサン　シナモン　カッテクレテ　アリガトネー／アリガトー。

小浜市　キノーワ　ウチデ　ギョーサン　シナモン　コーテクレテ　オーキンネ。

〔解説〕会話例冒頭の「昨日」にあたるところは福井市高年層ではキンノだが、若年層では五地点とも共通語形のキノーに変化している。「たくさん」にあたる言い方では、福井市高年層と同じギョーサンが小浜市で、福井市・越前市・敦賀市でヨーケが、さらに福井市で新たに関西方言の影響を受けた

写真10　福井弁による自動販売機の前面パネル表示

メッチャが聞かれた。共通語化も進んでいて、福井市・越前市・敦賀市でタクサン、大野市でイッパイが使われている。「買ってくれて」にあたる言い方は、福井市・小浜市で福井市高年層と同じコーテクレテが聞かれたものの、福井市・越前市・大野市・敦賀市では共通語化によってカッテクレテとなっている。「ありがとー」にあたる言い方も、小浜市で福井市高年層に似たオーキンネが聞かれたほかは、共通語化によるアリガトーが小浜市以外の四地点で聞かれた。

2 福井弁っていいと思わないか。もっと私たちがしゃべって若い人に残そうよ。

【高年層方言】

福井市　フクイベンテ　イートオモワンケ。モット　ウララガ　シャベッテ　ワカイ　モンニ　ノコソサ。

【若年層方言】

福井市　フクイベンテ　イート　オモワンケ／オモワンカ。モット　オレラガ／ワタシラガ／ウチラガ　シャベッテ　ワカイ　モンニ／ワカイ　ヒトニ　ノコソサ／ノコソッサ／ノコソッセ。

越前市　フクイベンテ　イート　オモワンケ。モット　ウチラガ　シャベッテ　ワカイ　モンニ／ワカイ　ヒトニ　ノコソッサ／ノコソッセ。

大野市　フクイベンテ　イート　オモワンケ。モット　ウチラガ　シャベッテ　ワカイ　ヒトラニ　ノコソーヤ。

敦賀市　フクイベンテ　エート　オモワン。モット　ウチラガ　シャベッテ　ワカイ　モンニ／ワカイ　ヒトラニ　ノコソー。

小浜市　フクイベンテ　エート　オモワンケ。モット　ウチラガ　シャベッテ　ワカイ　モンニ　ノコソサ。

〔解説〕共通語の「いいと思わないか」にあたる言い方は、「いい」の部分が嶺北三地点ではイー、嶺南二地点ではエーで対立しており、「思わないか」の部分は高年層と同様に嶺北・嶺南ともオモワンケとなるとともに、福井市ではオモワンカ、敦賀市ではオモワンの形も聞かれた。「私たち」にあたる言い方は、福井市高年層に見られるウララは若年層では使われなくなり、男性がオレラ、女性がウチラに変化している。「残そうよ」にあたる言い方では、高年層のノコソサに対して、若年層でも福井市・小浜市でノコソサが聞かれたが、嶺北の福井市と越前市で促音《そくおん》が挿入された新方言形のノコソッサ、さらにそれが変化したノコソッセが使われている。

3　台所で沢庵《たくあん》を煮ていたら、外にいてもすごい匂いがしたよ。

【高年層方言】
福井市　ナガシデ　タクアン　ニテタラ　カドニ　イテモ　キツーイ　カザ　シタワ。

【若年層方言】
福井市　ナガシデ／ダイドコロデ　タクアン　ニテタラ　ソトニ　イテモ　ヒッデ／スゴイ　ニオイ　シタザ／シタデ／シタワ。
越前市　ナガシデ／ダイドコロデ　タクアン　ニテタラ　ソトニ　イテモ　スゴイ　ニオイ　シタヨ。
大野市　ダイドコロデ　タクアン　ニテタラ　ソトニ　イテモ　スゴイ　ニオイ　シタヨ。
敦賀市　ナガシデ／ダイドコロデ　タクアン　ニトッタラ　ソト　オッテモ　ヒドイ／メッチャ　ニオイ　シタワ／シタデ。
小浜市　ナガシデ　タクアン　ニトッタラ　カドニ　オッテモ　ゴッツイ　ニオイ　シタワ／シタデ。

〔解説〕福井市高年層で使われている「台所」の意味の方言形ナガシは若年層でもまだ聞かれたが、共通語化によるダイドコロが福井市・越前市・大野市・敦賀市で聞かれた。共通語形「煮ていたら」にあたる言い方は、嶺北では高年層の福井市と、若年層の福井市・越前市・大野市でニテタラ、嶺南の敦賀市・小浜市でニトッタラとなり、若年層でも嶺北と嶺南の対立が継続していることがわかる。共通語「すごい」にあたる言い方は、若年層では共通語形のスゴイのほか、福井市でヒッデ、敦賀市でメッチャ、小浜市でゴッツイが使われている。福井市高年層で見られる「匂い」の意味の方言形カザは、若年層では共通語化してニオイしか聞かれなかった。また、「匂いがしたよ」の「したよ」にあたる言い方は、福井市高年層のシタワに対して、若年層では福井市・敦賀市・小浜市でシタワ、シタデが、越前市・大野市でシタヨが聞かれたほか、福井市の話者から嶺北方言に特徴的な文末詞ザが付いたシタザも聞かれた。

4 この米の袋重たいから、お前、そっちをいっしょに持ち上げてくれよ。

【高年層方言】
福井市　コノ　コメノ　フクロ　オボテーデ　オメ　ホッチ　カイテクレヤ。
【若年層方言】
福井市　コノ　コメノ　フクロ　オモテーデ／オモタイデ　オメ／オマエ　ソッチ　イッショニ　モッテクレヤ／モッテヤ。
越前市　コノ　コメノ　フクロ　オモタイデ　オマエ／アンタ　ホッチ／ソッチ　イッショニ　モッテクレヤ／モッテヤ。
大野市　コノ　コメノ　フクロ　オモタイデ　アンタ　ソッチ　イッショニ　モッテヤ。
敦賀市　コノ　コメノ　フクロ　オモタイカラ　アンタ　ソッチ　イッショニ　モッテ／モトッテ。
小浜市　コノ　コメノ　フクロ　オモタイシ　アンタ　ソッチ　イッショニ　モッテナ。

〔解説〕共通語「重たい」にあたる言い方では、嶺北方言の連母音《れんぼいん》アイ[ai]がエー[eː]となる特徴から、福井市高年層で見られるオボテーは、若年層では福井市でオモテーが聞かれた以外は共通語化してオモタイとなっている。福井市高年層で聞かれる二人称代名詞「お前」にあたる嶺北方言の伝統方言形オメ（「おまえ」からの変化形）は、若年層ではオマエ、アンタに変化している。共通語の指示詞「そっち」にあたる伝統方言形のホッチ（コソアド言葉のソ系がホとなる）は福井市高年層と越前市若年層で聞かれたが、若年層では五地点とも共通語化したソッチが聞かれた。「二人で持ち上げる」意味で使われた伝統方言形カク（福井市高年層のカイテクレヤに見られる）は若年層では五地点とも使われていない。

5　どうしたんだい。気分が悪かったらそこでしばらくしゃがんでなさい。

【高年層方言】

福井市　ドーシタンヤノ。テキネカッタラ　ホコデ　シバラク　イズカッテネ。

【若年層方言】

福井市　ドーシタンヤ／ドシタ。テキネカッタラ／キブンガ　ワルカッタラ　ソコデ　シバラク／チートマ　ネマッテネヤ／シャガンデネ。

越前市　ドーシタノ／ドーシタン。テキネカッタラ／キブン　ワルカッタラ　ホコデ／ソコデ　シバラク　ネマッテネ／シャガンデネ。

大野市　ドーシタン。キブン　ワルインナラ　ソコデ　シバラク　スワッテネヤ。

敦賀市　ドーシタン。エラインナラ／グアイ　ワルインヤッタラ　ソコデ　チョット／シバラク　スワットキネ／スワッテネヤ。

小浜市　ドーシタンヤ。キモチ　ワルカッタラ　ソコデ　シバラク　スワットンナ。

〔解説〕福井市高年層で使われている「気分が悪い」にあたるテキネ(ー)(テキナイの変化形)は、若年層では福井市・越前市でキブンガワルイとともに使われているが、ほかは大野市がキブンガワルイ、敦賀市がエライ、グアイガワルイ、小浜市がキモチワルイとなって、明らかに衰退している。嶺北方言では滋賀県方言などと同様にコソアド言葉(指示詞)のソの系統がホとなる特徴が見られるが、福井市高年層で聞かれた「そこ」にあたるホコも、若年層では越前市でこそ聞かれたものの、他の四地点では共通語と同じソコデが使われている。福井市高年層方言の「しゃがむ」にあたるイズカルは若年層では聞かれず、福井市・越前市でネマル(「座る」の意味)、大野市・敦賀市・小浜市でスワルが使われている。「〜なさい」にあたる最後の部分は、嶺南の小浜市を除く四地点の若年層でも「ね(ー)」が使われている。なお、「ね(ー)」の由来についてはコラム❼「「はよしねー」って「早く死ね」という意味?」を参照されたい。

6 昨夜は遅くまで起きていたから、今から昼寝するよ。

【高年層方言】
福井市　ヨンベ　オソーマデ　オキテタサケー　イマカラ　ヘンニョマ　シルワノ。
【若年層方言】
福井市　ヨンベ／サクヤワ　オソーマデ／オソクマデ　オキテタデ　イマカラ　ヒルネ　スルデ。
越前市　ユンベ／サクヤ　オソーマデ／オソクマデ　オキテタデ　イマカラ　ヒルネ　スルワ。
大野市　キノーノ　ヨル　オソクマデ　オキテタデ　イマカラ　ヒルネ　スルワ。
敦賀市　サクヤワ　オソマデ　オキトッタシ／オキトッタカラ　イマカラ　ヒルネ　スルワ。
小浜市　キノーノ　バン　オソーマデ　オキトッタサケ　イマカラ　ヒルネ　スルワ。

〔解説〕共通語の「昨夜」にあたる伝統方言形ヨンベは、福井市の高年層と若年層と、越前市若年層(ユンベ)で聞かれたものの、若年層では五地点とも共通語形サクヤ(福井市・越前市・敦賀市)、キノーノヨル(大野市)、キノーノバン(小浜市)が聞かれた。「遅く」にあたる伝統方言形オソ(ー)(形容詞のウ音便形)は若年層でも福井市・越前市・敦賀市・小浜市で聞かれたが、同時に嶺北の三地点では共通語形オソクも使われている。「起きていたから」にあたる言い方は、福井市高年層で聞かれたオキテタサケ(ー)のサケ(ー)(サカイからの音変化形)は小浜市若年層では聞かれたが、嶺北三地点の若年層はオキテタデのようにデが、敦賀市の若年層では、近畿方言の影響によるオキトッタシのシとオキトッタカラのように、共通語形カラが聞かれた。ここでも嶺北三地点のオキテタに対して、嶺南二地点のオキトッタの対立が見られる。

7　あなたがいるから買いに来たんだから、もっと値引きして下さいよ。

【高年層方言】
福井市　アンタガ　イルサケ　カイニキタンヤデー　モットマケテクンネマ。
【若年層方言】
福井市　アンタガ／アナタガ　イルデ　カイニキタンヤデ　モット　マケテヤ／マケテクレヤ。
越前市　アンタガ／アナタガ　イルデ　カイニキタンヤデ／カイニキタンヤカラ　モット　マケトクレノ／マケテクレン。
大野市　アンタガ　イルデ　カイニキタンヤデ　モット　マケテヤー。
敦賀市　アンタガ　オルカラ　カイニキタンヤデ／カイニキタンヤシ　モット　マケテヤー。
小浜市　アンタガ　オルサケ　カイニキタンヤサケ　モット　マケテナ。
〔解説〕嶺北方言のイルと嶺南方言のオルの対立は、若年層でもそのまま引き継がれている。福井市高年層のイルサケで見られた理由を述べる順接の接続助詞サケは、小浜市若年層では聞かれたものの、嶺北三地点と敦賀市ではデに変化している。福井市高年層のカイニキタンヤデーの指定・断定の助動詞ヤは、若年層でも同じであるが、デにあたる言い方では、越前市若年層で共通語形のカラ、敦賀市若年層で近畿方言の新しい形の影響を受けたシが見られる。福井市高年層のマケテクンネマにあたる言い方では、福井市・越前市の若年層で共通語的なマケテクレ系が聞かれたほか、マケテヤが福井市・大野市・敦賀市で、マケテナが小浜市で聞かれた。

8　そう、私まだ独り者だから、誰か良い人を世話しておくれよ。

【高年層方言】
福井市　ホヤー　ワテ　マダ　ヒトリモンヤデ　ダレカ　イーヒト　セワシトッケマ。

【若年層方言】

福井市　ホヤ／ソーヤ　ワタシ／オレ　マダ　ヒトリモンヤデ／ヒトリヤデ　ダレカ　イーヒト　セワシテクレヤ／セワシテヤ。

越前市　ホヤ／ソー　ウチ　マダ　ヒトリヤデ　ダレカ　イーヒト　セワシトッケ／セワシテヤ。

大野市　ホーヤ　ウチ　マダ　ヒトリモンヤデ　ダレカ　イーヒト　セワシテヤー。

敦賀市　ソヤー／ソー　ウチ　マダ　ヒトリモンヤカラ／ヒトリヤカラ　ダレカ　エーヒト／イーヒト　セワシテヤ／セワシテホシーワ。

小浜市　ソーヤッテ　ワタシ／ウチ　マダ　ヒトリモンヤシ　ダレカ　エーヒト　セワシタッテー。

〔解説〕共通語の「そうだ」にあたる応答詞は、福井市高年層のホヤーと同様に若年層でも福井市と越前市でホヤ、大野市でホーヤが聞かれたが、福井市・越前市では併用の形でソーヤ、ソーも聞かれた。嶺南の敦賀市と小浜市では、ソヤー、ソー、ソーヤッテでホ系の言い方は聞かれなかった。福井市高年層での一人称代名詞ワテは、若年層話者が女性が多かったために越前市・大野市・敦賀市・小浜市がウチであった。男性話者であれば福井市のようにオレが多くなっただろう。ほかに共通語形ワタシも福井市・小浜市で聞かれた。「良い人」の「良い」にあたる形は、若年層に限らずもともと嶺北のイーと嶺南のエーで対立が見られたが、敦賀市ではその両形が見られる。「世話をしておくれよ」の「～しておくれよ」にあたる言い方では、福井市高年層で聞かれた～シトッケマは、若年層では越前市で～シトッケが聞かれたのみで、福井市・越前市・大野市・敦賀市で、～シテクレヤ、～シテヤ、小浜市でシタッテーであった。

9　馬鹿なことばかり言うから、何をしなくてはいけないか忘れてしまったよ。

【高年層方言】

福井市　ノクテーコトバッカ　ユーデ　ナニセナアカンカ　ワセテモタゲノ。

【若年層方言】

福井市　ノクテーコトバッカ／バカナコトバッカ　ユーデ／ユッテルデ　ナニセナアカンカ　ワセテモタワ／ワスレテモタガ。

越前市　ノクテーコトバッカ／バカナコトバッカ　ユッテルデ　ナニセナアカンカ／ナニシナアカンカ　ワスレテンタ／ワスレツンタ。

大野市　アホナコトバッカ　イッテルデ　ナニセナアカンカ　ワスレテモタッテ。

敦賀市　アホナコトバッカ　ユートルカラ／ユットルカラ　ナニセナアカンカ　ワスレテシモタワ／ワスレテモタヤン。

小浜市　アホミタイナコト　ユートルサカイ　ナニセナアカンカ　ワスレテモータ。

〔解説〕「馬鹿な」にあたる言い方は、嶺北地方の伝統方言の代表形であるノクテーが福井市高年層のほか、福井市と越前市の若年層で聞かれ、大野市・敦賀市・小浜市は近畿方言と同じアホナとなっている。「言うから」にあたる言い方は、福井市若年層で福井市高年層と同じウ音便形ユーデが聞かれたものの、福井市・越前市でユッテルデ、大野市でイッテルデの促音便形が、嶺南の敦賀市でユートルカラ／ユットルカラ、小浜市でユートルサカイが聞かれた。敦賀市若年層で伝統方言のウ音便形ユートルと共通語的促音便形のユットルの両形が聞かれたこと、理由の接続助詞に共通語形カラが使われていることに注意したい。

「忘れてしまったよ」にあたる言い方では、福井市高年層のワセテモタゲノに対する若年層の状況は、それに近い形として、福井市でワセテモタワ／ワスレテモタガ、大野市でワスレテモタッテ、敦賀市でワスレテシモタワ／ワスレテモタヤン、小浜市でワスレテモータが聞かれた。「わせて」の形は使われなくなっていることがわかる。ところで、越前市話者からはワスレテンタ／ワスレツンタが聞かれたが、ワスレテモタからの音変化形としてワスレテンタが、さらに新しくワスレツンタが生まれたと考えている。なお、～ツンタについては、上接の動詞が「読む」「飛ぶ」「死ぬ」などの場合、ヨンズンタ、トンズンタ、シンズンタのように、～ズンタとなる。

10 久しぶりで来たのだから、温泉でのんびりしていきなさいね。

【高年層方言】
福井市　タマーニ　キタンヤデー　オンボラート　シテイキネーノ。
【若年層方言】
福井市　タマニ／ヒサシブリニ　キタンヤデ　オンセンデ　ノンビリ　シテイキネヤ／ノンビリ　シテイキネノ。
越前市　タマニ　キタンヤサケ／キタンヤデ　オンセンデ　ノンビリ　シテイキネヨ／ノンビリ　シテイキネ。
大野市　ヒサシブリニ　キタンヤデ　オンセンデ　ノンビリ　シテイキネンヤ。
敦賀市　ヒサシブリニ　キタンヤカラ　オンセンデ　ノンビリ　シテイキネー／ノンビリ　シテケバエーヨ。
小浜市　タンマニ　キタンヤサカイ　オンセンデ　ユーックリ　シテイッタラエーヤン。

〔解説〕共通語の「来たのだから」にあたる言い方では、会話例9での「言うから」にあたる言い方とほぼ同じで、福井市高年層、若年層の福井市・越前市・大野市でキタンヤデ、ほかに越前市でキタンヤサケ、小浜市でキタンヤサカイ、敦賀市でキタンヤカラが聞かれた。「来たのだから」の「のだ」にあたるところは伝統方言形のンヤが若年層においても使われていて共通語化は見られない。福井市高年層で見られた「のんびり」にあたるオンボラートは若年層ではまったく聞かれず、共通語形ノンビリに変化している。「行きなさい」にあたるのは、福井市高年層のイキネーノに似た～ネ(ー)を含む形が、若年層でも福井市でイキネヤ／イキネノ、越前市でイキネヨ／イキネ、大野市でイキネンヤ、敦賀市でイキネーが聞かれた。～ネ(ー)の由来についてはコラム❼「「はよしねー」って「早く死ね」という意味?」を参照されたい。ほかに、敦賀市で「(シ)テケバエーヨ、小浜市でイッタラエーヤンのような近畿方言的な言い方が聞かれている。

11 良い品ばかりたくさん置いておくから、また買って下さいね。頼んだよ。

【高年層方言】

福井市　イーモンバッカリ　ヨーケ　オイトクサケー　マタ　コーテクンネーノ。タノンダザー。

【若年層方言】

福井市　イーモンバッカ　ヨーケ／ギョーサン／イッパイ　オイトクデ　マタ　コーテヤ／カッテノ／カッテクレヤ。タノムザー／タノンダデー／タノンダヨ／タノムネ。

越前市　イーモンバッカ　ヨーケ／タクサン　オイテオクデ　マタ　カットクンネノ／カッテヤ。タノムザー／タノンダヨ。

大野市　イーモンバッカ　イッパイ　オイトクデ　マタ　カッテノー。タノムヨー。

敦賀市　エーモンバッカ／イーモンバッカ　ヨーケ／イッパイ　オイトクデ／オイトクカラ　マタ　カイニキテヤ／カッテナー。タノムワー／タノンダデー。

小浜市　エーモンバッカリ　ヨーケ　オイトクサケー　マタ　コーテナ。タノンマス。

〔解説〕「良い品」の「良い」にあたる部分は、会話例8の「良い人」の「良い」と同様で、嶺北地方のイーと嶺南地方のエーの違いが見られる（敦賀市若年層のイーは共通語化か）。「たくさん」にあたる言い方は、福井市高年層で聞かれたヨーケは会話例1で見たことと似ているが、若年層でも福井市・越前市・敦賀市・小浜市で根強く使われていることがわかった。福井市若年層ではギョーサンも聞かれた。ただし、福井市・敦賀市ではイッパイ、越前市ではタクサンも回答されていて、徐々に共通語化が進行していることもわかる。「置いておくから」の「～から」にあたる部分では、福井市高年層で～デよりも古い～サケが聞かれたが、若年層では小浜市を除いてオイトクデ（敦賀市ではオイトクカラも）に変化している。「買ってくださいね」にあたる言い方では、福井市高年層のコーテクンネーノに対して、若年層では「買う」のテ形で使われた伝統方言のウ音便形コーテが福井市と小浜市では聞かれたものの、そこでの併用も含めて福井市・越前市・大野市、敦賀市ではカッテとなって、共通語化が進んでいることがわかる。最後の「頼んだよ」にあたる部分で福井市高年層に見られるタノンダザーのザ(ー)は、嶺北方言の代表的文末詞だが、福井市と越前市の若年層の回答には見られるものの徐々に衰退に向かっているようだ。

12 すみません、今日はたくさんごちそうを出してもらってありがとうね。

【高年層方言】

福井市　キノドクナー　キョーワ　ヨーケ　ゴッツォ　ダイテモロテ　オーキンノー。

【若年層方言】

福井市　スミマセン。キョーワ　ヨーケ／タクサン　ゴチソー　ダシテモロテ／ダシテクレテ　アリガトー。

越前市　スミマセン／スンマセン。キョーワ　ヨーケ／タクサン　ゴッツォ／ゴチソー　ダシテモラッテ　アリガトー。

大野市　スイマセン。キョーワ　イッパイ　ゴチソー　ダシテモラッテ　アリガトー。

敦賀市　スミマセン／スイマセン。キョーワ　ヨーケ／イッパイ　ゴチソー　ダシテモロテ／ダシテモラッテ　オーキニ。

小浜市　スミマセン。キョーワ　ヨーケ　ゴッツォ　ダシテモロテ　オーキニ。

〔解説〕　高年層福井市方言の冒頭で聞かれたキノドクナーは、ここでは「すみません」に近い意味になるが、本来は北陸三県で共通に使われた感謝の意味の「ありがとう」にあたる方言形である。ただ、キノドクナ(ー)は福井に限らず北陸地域全般に急速に衰退している。福井県の場合は、福井市高年層の会話例の最後に見えるオーキンノーのように、嶺北・嶺南ともに近畿地方から伝播したオーキニに変化し、嶺北地方の若年層ではさらに共通語形アリガトーを使う人も増えている。

「たくさん」にあたる言い方については、会話例1・11で解説しているので省略する。

「出してもらって」にあたる言い方では、福井市高年層に見られるダイテモロテのように、嶺北方言の伝統方言形では

「出す」のテ形でのサ行イ音便にあたるダイテ、「もらう」のテ形でのウ音便にあたるモロテが使われていたが、中でもサ行イ音便の衰退は著しく（次節「2文法事象にみる嶺北方言の変化(6)出した（動詞・タ形）」参照）、中年層以下では使われなくなり、福井市・越前市・大野市の若年層でも使われていない。なお、サ行イ音便については、嶺南方言では嶺北以上に衰退が早く、約四〇年前の筆者の若狭地方全域一八二地点での調査でサ行イ音便の存在が確認できたのは、旧上中《かみなか》町の滋賀県境に近い河内《こうち》のみであった。ダイテのサ行イ音便に比べると、モロテの方は若年層でも福井市・敦賀市・小浜市で使用が確認できたが、嶺北地方では共通語形モラッタが増えていることも確かである。

13 私の家のテレビは古いので、画面が砂嵐状態になって見られないんだよ。

【高年層方言】
福井市　ウラントコノ　テレビ　オゾイデ　ジャミジャミンナッテ　ミラレンノヤッテ。
【若年層方言】
福井市　ワタシンチノ／ウチントコノ　テレビ　オゾイデ／フルイデ　ジャミジャミンナッテ／スナアラシンナッテ　ミラレンノヤッテ／ミレンノヤッテ／ミレンノヤワ。
越前市　ウチンチノ／ウチントコノ　テレビ　オゾイデ／フルイデ　ジャミジャミンナッテ　ミラレンノヤワ／ミレンノヤケド。
大野市　ウチノ　テレビ　フルイデ　ジャミジャミンナッテ　ミレンノヤッテー。
敦賀市　ウチントコノ　テレビワ　フルイカラ　ジャミジャミンナッテ　ミラレンノヨ／ミレンノヤッテ。
小浜市　ウチントコノ　テレビ　フルイサケ　ジャミジャミンナッテ　ミラレンノヨ／ミラレヘンワ／ミレンノヤッテ。
〔解説〕高年層福井市方言の冒頭に見える一人称代名詞ウラは、オラからの変化形として嶺北地方では男性中心にかつては広く使われていたが、若い世代では全く使われなくなった。「古いので」の「古い」にあたる言い方では嶺北方言で使われていたオゾイが福井市高年層だけでなく、福井市・越前市の若年層でもフルイとの併用で聞かれたが、大野市の話者はフルイのみで、「古い」の意味のオゾイが本来使われない嶺南の敦賀市・小浜市ではフルイのみの回答だった。「古いので」の「ので」にあたる言い方については、すでに会話例6・7・11の解説で触れているので省略する。

テレビ画面の砂嵐状態を言う擬態語ジャミジャミは、高年層に限らず若年層でもよく使われていることがわかる。共通語形とされる「砂嵐状態」という語があまり知られていないこともジャミジャミが使い続けられている理由だろう。コラム❿でも触れているように、ジャミジャミは本来「目が疲れてかすむような状態」を指す方言の擬態語だったが、昭和三〇年代後半のテレビの普及に伴い、状態の類似性からテレビ画面が乱れる砂嵐状態を表すようになり、嶺北地方から石川県加賀地方にまで分布を広げたものである。しかし、テレビ放送のデジタル化でかつてのようなジャミジャミの状態がなくなってしまったので、いずれは忘れられる方言の擬態語ということになるだろう。

最後の「見られないんだよ」にあたる言い方では、福井市高年層のミラレンノヤッテに対して、若年層ではミラレンの類(ミラレンノヤッテ、ミラレンノヤワ、ミラレンノヨ、ミラレヘンワ)とともに、五地点ともに俗に「ら抜き」と言われる新しいミレンの類(ミレンノヤッテ、ミレンノヤワ、ミレンノヤケド、ミレンノヤッテー)に変化していることがわかる。

二　嶺北方言の地域差と世代差

ここでは、福井県嶺北地方における方言の変化を、地域差と世代差の両面から概観することにする。

筆者は、井上史雄(東京外国語大学名誉教授)を代表とする科学研究費研究「日本海沿岸の新方言伝播の地理的歴史的研究」（二〇〇六～二〇〇七年度）および「北陸新方言の地理的社会的動態の研究」（二〇〇八～二〇一〇年度）の共同研究者の一人として、二〇〇七・二〇〇八年度の二年間、金沢大学学生の協力も得て、ＪＲ北陸本線に沿って石川県（倶利伽羅《くりから》～大聖寺《だいしょうじ》駅間）と福井県（細呂木《ほそろぎ》～今庄《いまじょう》駅間）の三二の駅周辺集落で、四世代（七〇・五〇・三〇・一〇歳代を原則）のネイティブの話者を対象にグロットグラム調査を実施した。グロットグラムとは、方言の変化を地域差と世代差の両面から明らかにするために縦横どちらかの軸に年齢差と地域差を位置づけ、それぞれの地点で世代別の言語調査を行い、そのデータを記号化してプロットした図のことを言う。

筆者らの調査結果としては他に井上史雄・加藤和夫・中井精一・半沢康・山下暁美編著（二〇一二）『北陸方言の地理的・年齢的分布（北陸グロットグラム）』がある。これは、同じくＪＲ北陸本線沿いの富山県内の調査結果（当時富山大学の中井精一らによる）と、ＪＲ湖西《こせい》線沿いの京都駅までの滋賀県内の調査結果（当時明海大学の山下暁美に筆者も協力した）をまとめて、福島大学の半沢康がグロットグラム化したものを載せた研究成果報告書である。

次に示した図18は、その中の一枚である「買った」についてのグロットグラムである。縦軸は一番上の越中宮崎《えっちゅうみやざき》駅から一番下の京都（KYOTO）駅まで、富山県・石川県・福井県・滋賀県・京都府のＪＲの駅名が配置され、横軸には一番右の一〇歳から一番左の九〇歳まで、各地点の話者の調査当時の実年齢にあたる箇所に、「買った」にあたる回答（共通語形カッタを■、方言形コータを／）で記号化してプロットしてある。これによれば、福井県嶺北地方では四〇歳代以上ではコータが多く見られるものの、三〇歳代以下では共通語形カッタが入り込んで来ている様子がよくわかる。

以下では、紙数の関係から個々のグロットグラムを示すことは省略し、各グロットグラムの結果に基づいて語彙事象に関する一〇項目、文法事象に関する一五項目について、福井県嶺北地方での方言の変化の様相を紹介する（必要

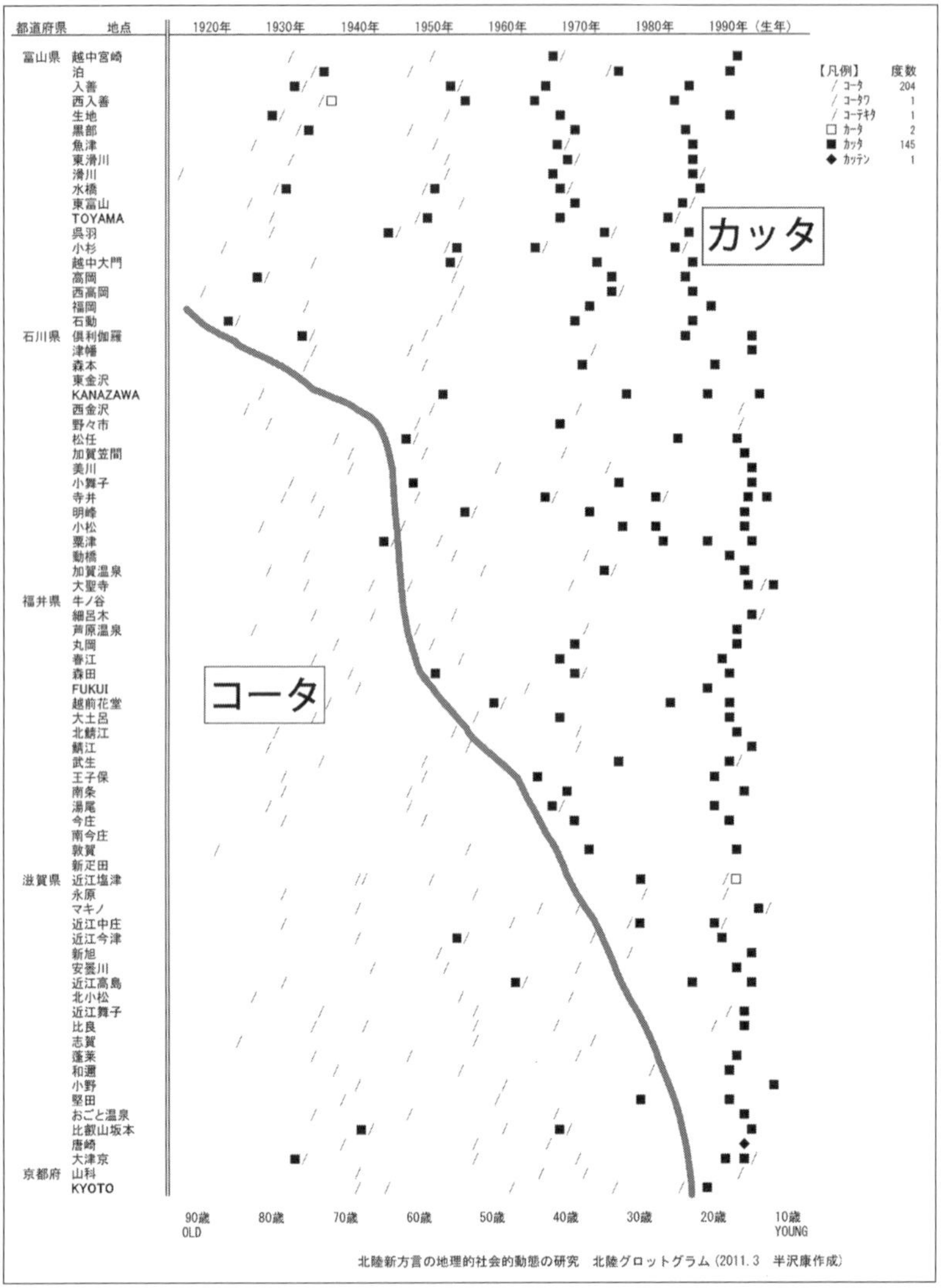

図18 北陸グロットグラム「買った」
「1個100円のりんごを買った」と言うとき「買った」をどういいますか。

に応じて富山・石川両県や近県の状況に言及する場合もある）。調査から一五年ほどが経過しており、調査地域もJR北陸本線沿線に限られてはいるが、嶺北方言の変化の一端を知ることができるはずである。

1　語彙事象にみる嶺北方言の変化

⑴つらら（氷柱）

平安時代の『源氏物語』や『枕草子』などにも使用例が見える古語「垂氷（たるひ）」が、京都から北陸地方に伝播する過程で、「屋根を支える垂木（たるき）の先に下がるから」との民間語源によってタルキに変化した。約五〇年前に高年層男性を対象とした全国二四〇〇地点での調査によって作成された『日本言語地図』では、福井県嶺北地方から石川県加賀地方にかけてまとまった分布を示していたが、グロットグラムでは、七〇歳代以上でタルキがわずかに聞かれたのみで、ほぼ共通語形ツララに取って代わられていることがわかった。

⑵ばか（馬鹿）

もともと嶺北地方では、多数派のノクテー（「（頭が）あたたかい」の意）のほかにも、アヤカリ、タワケなど様々なアホ・バカ方言が分布していたが、グロットグラムでは、四〇歳代以上でノクテーが多く聞かれたものの、近畿地方から北陸地方に勢力を拡大しつつあるアホが広い世代で聞かれ、特に三〇歳代以下ではアホが多く、共通語形バカを使う人も若い世代で徐々に増えつつあることがわかった。

⑶しもやけ（凍傷）

約五〇年前の調査による『日本言語地図』では嶺北地方はユキヤケが分布していたが、グロットグラムでは全地点の全年齢層でシモヤケが見える。今やユキヤケは、冬の晴天時にスキーなど戸外にいて紫外線で焼けることを指すようになり、この五〇年間で共通語形のシモヤケが急速に普及したことが確認できた。

(4)ものもらい（麦粒腫）

グロットグラムでは福井市以北でメモライ、鯖江《さばえ》市以南（嶺南地方や滋賀県湖西地域も）のメイボ、メボの対立分布が確認できた。メモライは福井市以北から石川県・富山県に分布する北陸共通語的なものであることから方言と気づかれにくいこと、メイボ、メボは鯖江市以南の近畿方言地域に広く分布する方言形であること、さらに共通語形「ものもらい」の認知度が低いことから、この対立は全世代で継続していることがわかった。若い世代での共通語化（モノモライの侵入）はまだほとんど見られない。

(5)うっとうしい

五〇歳代以上では伝統方言形のウルサイ（ウルセー）のほか、五〇・六〇歳代では共通語形のウットーシーも聞かれたが、三〇・四〇歳代ではウットーシーとともに東京発信型の新方言ウザイを使う人が現れ、一〇歳代ではほとんどの話者がウザイを答えた。今後はウザイがますます勢力を拡大していくものと予想される。

(6)塩辛い

共通語のシオカライ、ショッパイにあたる「塩味が濃いこと」を指す伝統方言は、福井県嶺北地方から石川県加賀地方と富山県西部にかけて分布するクドイである（嶺南方言では近畿方言と同じカライが使われる）。共通語のクドイと形が同じで、意味も似ているが、塩味が濃いことを指しても使われることが北陸方言に特徴的であることを知らない人も多い。グロットグラムでは、嶺北地方の三〇歳代以上でクドイが多く回答されているものの、三〇歳代の一部と二〇歳代以下ではクドイはほとんど聞かれず、共通語形のショッパイに変化していることがわかった。

(7) 鉛筆の芯が尖った状態

全国的に見て、鉛筆の芯が尖った状態を指す擬態語の方言を有するのが、北陸三県と隣接する中部地方の岐阜・愛知両県に近畿地方の一部のみということは意外に知られていない。その他の地域では、トガッテル、トガットルとしか言わないのである（コラム⑩参照）。

北陸三県では、福井のツンツンに対して、石川がケンケン、富山がツクツクという対立が見られる。石川県加賀地方では三〇歳代以下で近畿地方から伝播したピンピンが勢力を広げているが、グロットグラムによれば、学校でも良く使われるために方言と気づかれにくいことから、全地点・全世代にわたってツンツンが使われていることがわかった。

(8) あぐら（胡座）をかく

五〇歳代以上では伝統方言形ジョロカク（標準サイズが一丈六尺であったことから「丈六仏《じょうろくぶつ》」と呼ばれた仏像の多くがあぐらをかいていることからジョーロクカクと言われたことに由来）の類が聞かれたが、共通語形アグラオカクに変化しつつあり、四〇歳代以下ではアグラオカクしか聞かれなかった。

(9) 正座する

「あぐらをかく」のジョロカクが衰退に向かっているのに対して、中高年層が子や孫に躾の中で使うことが多いためか、「正座する」にあたる伝統方言形オチョキンスルは若い世代でもまだよく理解され、使われていることがわかった。上の世代が若い人に合わせて共通語形を使わず、方言形を使えばそれがちゃんと受け継がれることを示すよい例と言えよう。

⑽雪に足がはまる

雪国に特徴的な語（泥などに足がはまることを言う場合もあり）である。グロットグラムでは四〇歳代以上で、福井市以北のゴボルと鯖江市以南のガブルの対立が見られたが、三〇歳代以下で、ゴボルとガブルの混淆《こんこう》形である新方言のガボルが新たに生まれ、福井市以南に分布を広げていることがわかった（コラム⑩参照）。ただ、最近ではガボルも徐々に使われなくなり、若年層で共通語形ハマルの使用が増えているようだ。

2　文法事象にみる嶺北方言の変化

⑴わからない（動詞・否定形）

嶺北地方を含む北陸三県のＪＲ北陸本線沿いでは、全地点・全世代でワカランが使われており（ほかには富山県東部の一〇歳代でワカンネの回答あり）、普段の場面では共通語化は見られず、否定のンが安定して使われていることがわかった。滋賀県湖西地域では、ワカランのほかに近畿方言の影響を受けたワカラヘンもかなり聞かれた。

⑵しない（動詞・否定形）

嶺北地方を含む北陸三県では、「わからない」のワカラン同様に全地点・全世代でセンが使用されているほか、石川県加賀地方のセンの分布域では三〇歳代以下でシンの使用が見られた。シンは、伝統方言形のセンに共通語形シナイが干渉したことによって生まれた中間形（傍線部が結びついた混淆形）としての「ネオ方言」と考えられる。福井県、特に嶺北地方でも今後シンが使用されるようになるかもしれない。滋賀県湖西北部のシヤヘン類は、北の若狭地方への連続性を示すものである。滋賀県湖西地域でのセーヘン分布域で若年層を中心に分布を拡大しているように見えるシーヒンは、京都方言の影響によるものだろう。

(3)いない(動詞・否定形)

グロットグラムによれば、嶺北地方では全地点・全世代でエンが使われている。一〇歳代でこそ共通語形のイナイを回答している人も少なくないが、まだまだ嶺北方言の特徴的方言形エンは健在のようである。なお、エンが広く使われる中でも、武生《たけふ》以南の五〇歳代以上で、エンが生まれる前の形と考えられるインの使用も確認できた。「いない」の「ない」の部分がンとなったのがインで、インのイがさらにエに変化して生じたのがエンと考えられる。

嶺北のエン(イン)に対して、北の県境を越えた石川県と敦賀市以南の嶺南地方では、オラン(「おる」の未然形オラにンが付いた形)となる。エンとオランの境界線は、北は旧越前福井藩と加賀藩の境である県境に、南は嶺北方言と嶺南方言の境に見事に一致する。

(4)高くない(形容詞・否定形)

福井県嶺北地方から石川県加賀地方にかけての三〇歳代以上では伝統方言形タコネーの使用が見えるが、北陸三県とも一〇歳代ではタカクナイが使用され、共通語化が進んでいることがわかった。富山県の三〇歳代以上ではタカナイが広く分布する。滋賀県では五〇歳代以上でタコ(ー)ナイ、三〇歳代以下でタカナイが見えるが、一〇歳代では共通語形タカクナイの使用も見られる。

(5)行かなかった(動詞・否定過去形)

北陸地方の伝統方言形であるイカナンダの~ナンダが、嶺北地方から石川県加賀地方の五〇歳代以上で使用されている。ただ、加賀地方でも野々市《ののいち》以南の五〇歳代以上では、イカナンダからの変化形と思われるイカンダが聞かれた。

一方、嶺北地方の五〇歳代以下、加賀地方の三〇歳代以下で急速に勢力を拡大しているのが、近畿地方から伝播したイカンカッタである。イカンカッタは、伝統方言の「行く」の否定形イカンと共通語形イカナカッタの傍線部が結びついて生まれたネオ方言とされるものであり、嶺南地方も含め、今後ますます使われるようになると思われる。

(6)出した（動詞・タ形）

グロットグラムでは、嶺北地方の六〇歳代以上で共通語形ダシタとともにダイタの形が見られた。ダイタという形は、かつて長く京都が中心であった時代に北陸地方を含む西日本だけで見られたサ行四段動詞のタ形・テ形に生まれたイ音便形の一つである（サ行四段動詞の中にも一部イ音便化しない動詞があることは研究者によって指摘されている）。サイタ〈指した〉、ホイタ〈干した〉、ナガイタ〈流した〉、ヌライタ〈濡らした〉、サガイタ〈探した〉、カクイタ〈隠した〉などもサ行イ音便の例である。

ただ、嶺北地方でも五〇歳代以下ではダイタの使用は全く確認できず、共通語形ダシタに変化している。嶺南地方では嶺北地方以上にサ行イ音便の衰退が早く、四〇年あまり前に筆者が若狭地方の一八二地点で行った言語地理学的調査では、唯一、旧上中《かみなか》町の河内《こうち》でその使用が確認できたのみである。それから約半世紀が経過した今、河内でもサ行イ音便は使われなくなっている可能性が高いと思われる。

(7)買った（動詞・タ形）

嶺北地方では伝統方言形のコータの使用が三〇歳代以上で確認できたものの、四〇歳代以下では共通語形カッタの使用も増えていて、特に一〇歳代では共通語形カッタへの変化が確認できた。なお、グロットグラムによれば、嶺北地方以北の北陸三県での共通語形カッタへの変化は、富山県がもっとも早く、次いで石川県、そして福井県の順であることもわかった。北陸自動車道と上越新幹線、最近の北陸新幹線の開通という交通事情の変化によって、時間的距離が富山・石川・福井の順で近くなったことが、共通語形カッタの取り入れに影響した可能性が高い。

(8)借りた（動詞・タ形）

北陸地方を含む西日本の「借りる」にあたる伝統方言形は四段動詞「借る」であったので、タ形は促音便形カッタであった。ただ、「借りた」の意の方言形カッタは共通語「買った」と同音衝突を起こすため、それを避けようとして四〇歳代以下でいち早くカリタに変化し、共通語化が完了していることがわかった。この状況は石川・富山両県でも同様である。近い将来、「借りた」の伝統方言形カッタは北陸地方では消滅することが予想される。

(9)起きられる（可能形）

一段動詞「起きる」の可能形であるオキラレルとオキレルの使用に注目すると、嶺北地方では七〇歳代以上でわずかに伝統的な形のオキラレルの使用が確認できたものの、六〇歳代以下では例外なく、俗に「ら抜き」とも呼ばれる可能専用形（可能動詞形）のオキレルに変化していることがわかった。一段動詞の可能専用形への変化は、北陸三県では金沢市を中心とした石川県加賀地方が最も早く、次いで富山、そして福井の順で進んでいるようだ。中でも金沢市近辺は国内でも「ら抜き」先進地域の一つとされている。

(10)起きられない（不可能形）

「起きられる」と同様、その否定形「起きられない」にあたるオキラレン、オキレンの使用状況をグロットグラムで見ると、肯定形「起きられる」のオキラレルに比べて、伝統方言形のオキラレンが五〇歳代まで使用されていて、否定形の方が可能専用形オキレンへの変化がやや遅れていることが確認できた。富山県もオキラレンの使用世代は似ているが、嶺北地方に比べて五〇歳代以上でオキラレンとの併用でオキレンの使用も多い点が特徴である。否定形についても石川県加賀地方は全世代でオキレンが使われていて、「ら抜き」先進地域であることをよく示している。

⑪しろ(動詞・命令形)

北陸三県とも、サ変動詞「する」の命令形「しろ」にあたる伝統方言形は、セーであるが、嶺北地方では、セーとともに「しなさい」にあたるシネ、シネー(ネーの由来についてはコラム❼「「はよしねー」って「早く死ね」という意味?」参照)が全世代にわたってよく使われているのが特徴である。石川の加賀地方では、セー、セーマの類が三〇歳代までよく使われているものの、一〇歳代では共通語形のシロが多くなり、方言形のセーマに共通語形シロが干渉して生まれたネオ方言形シロマも五地点で確認できた。富山県ではセーの類以外にセンカイの類も比較的多く聞かれるとともに、富山に特徴的なシラレ(「~レ・~ラレ」は、「れる・られる」敬語の命令形)が全世代にわたって使用されていることが注目される。

⑫見てしまった(過去完了形)

嶺北地方での「見てしまった」にあたる伝統方言形は、ミテシモタおよびその短縮形のミテモタであり、七〇歳代以上でミテシモタ、三〇歳代から七〇歳代にかけてミテモタが多く使われていることが確認できた。ただ、嶺北地方では四〇歳代以下ではミテモタと併用される形で、ミテモタからの音変化形ミテンタ、ミトゥンタ、ミツンタなどの形式が聞かれた。中でも二〇歳代以下で聞かれた最も新しい方言形ミツンタの「~ツンタ」が注目される。なお「読む」「死ぬ」などの動詞の場合は、ヨンズンタ、シンズンタのように「~ズンタ」となる。共通語形ミチャッタは、まだほとんど確認できなかった。

⑬来ている(アスペクト表現)

嶺北地方でのアスペクト表現「~ている」にあたる言い方の地域差・世代差をグロットグラムで見ると、嶺北地方では全世代でキテルが使用されている。嶺北方言の伝統方言形でもある~テルが共通語形とも一致することが安定した使用状況の背景にあるようだ。一方、嶺南方言はキトルのように「～トル」となる。また、石川との県境できれいに境界線が引ける形で石川・富山両県でも嶺南地方と同じくキトルが使用されているが、一〇歳代では共通語形キテルを使う人も散見される。滋賀県湖西地域では、キテル、キテハルが主に使用されている。

⒁雨が降っているから（理由の接続助詞）

共通語の接続助詞「～から」にあたる言い方を見ると、嶺北地方では六〇歳代以上でわずかに伝統方言形フッテルサケのように「～サケ」の使用が見られたものの、「～サケ」の後に名古屋方言の影響によって分布を広げたと考えられるフッテルデの「～デ」が、嶺北方言での全世代にわたって使用されていることがわかる。参考に、北陸三県の分布を概観すると、高年層では、富山県東部では～カラ、富山西部から石川県加賀地方の松任《まっとう》以北では～サカイ、加賀笠間以南から福井県嶺北地方北部で～サケと～デ、嶺南地方や滋賀県では～サカイの使用が見られるのに対して、近畿地方発信型の～シが滋賀県から福井に向かって分布を拡大し始めており、石川県でも金沢を中心に～シが広がりつつあることがわかった。

⒂行かなくて（否定の接続助詞）

「行かなくて」にあたる言い方については、富山県を除いた石川県以南のデータによるグロットグラムになるが、嶺北地方も石川県加賀地方も五〇歳代前後を境に、上の世代では伝統方言形のイカンデが使われ、下の世代では方言形イカンと共通語形イカナクテの混淆交形であるネオ方言形のイカンクテ（イカン×イカナクテ）の使用が全域で確認できた。共通語形イカナクテはまだほとんど使われていなかった。

コラム⓫

中学生と福井方言(2)　約二〇年間の変化

二〇二一年一一月、中学校一年生(二六名)の授業の中で、簡単な方言調査を行った。自身が約二〇年前に嶺北地方のJR北陸本線沿いに行ったグロットグラム調査(地域差と世代差を掛け合わせた調査方法)の結果と照らしながら、現在の中学生の方言使用の実態について紹介する。

〔設問一〕「オチョキン」の意味を知っているか

知っている80・8%。「正座」を表す「オチョキン」は、二〇年前の時点で一〇代では使われなくなってきていた。しかし、現在の一〇代の認知率八割は、使用率こそ確実に減少しているものの、今なお嶺北方言の代名詞的方言形として知られていることが確認できた。ある生徒の「自分では使わないけど、おばあちゃんが使ってる」という発言に皆が頷いていた。上の世代が子や孫に躾《しつけ》の中で「行儀良うオチョキンしねー」のように使うことの多いオチョキン。福井の三世帯同居・近居率の高さを象徴する方言の例でもあるといえる。

〔設問二〕足の裏や脇の下を指でコチョコチョされるときの感じをどう言うか

クスグッタイ26・9%、コショバイ26・9%、コソバイ23・1%、コチョバイ19・2%。二〇年前はコソバイが大多数であり、コショバイ、コチョバイ、そして共通語形クスグッタイが主にJR福井駅以南の三〇代以下で少し見られたが、現在の一〇代では共通語形クスグッタイが増えつつあるものの、コソバイおよびコソバイからの派生形の使用率もいまだ高く、生活語彙として健在な方言形であるといえる。

〈設問三〉　柔らかい雪道を歩いていて、足が深く入ってしまうことを何というか（複数回答可）

ハマル73・1％、ズボル30・8％、ガボル15・4％、ゴボル0％。二〇年前はＪＲの森田・福井駅あたりを境として、ゴボルとカブル・ガボルの地域差（福井駅以北のゴボルと以南のガブル）、および福井駅以南での三〇代を境とする世代差（四〇代以上のガブルに対する三〇代以下のガボル）がはっきり見られた例であった。

現在は、ゴボルとガブルの混淆形ガボルは若干確認できるものの、共通語的なハマル、あるいは新方言形ズボルが優勢であり、伝統方言形のゴボル、ガブルが衰退傾向にあることがわかった。近年でも雪の多い年はあったが、「うわぁ、ガボッたぁ。」と、長靴を脱いで雪を掻き出しては雪遊びを続ける光景は、最近ではあまり見られなくなってきたような気がする。

〈設問四〉　「モッケナイ」「モッケネー」という表現を聞いたことがあるか

ある30・8％。「ある」と答えた人のうち「聞いたことはあるが意味は知らない」が77・8％。二〇年前でもすでに五〇代から共通語形カワイソーへの変化が始まっており、その後も衰退の一途をたどっていることが確認できた。

〈設問五〉　鉛筆の先がとがっていることを「ツンツン（している）」と言うか

言う96・2％。関連して、「ツンツンは福井の方言だと知っていたか」という問いには「知らなかった」が76・9％。ツンツンは二〇年前の調査以前、四〇代の私が小学生の頃、さらに上の世代からも使われている方言形である。現在の中学生でさえ八割近くが方言と認識していない「気づかれにくい方言」の一つであることから、方言の擬態語ツンツンは、さらに下の世代にも受け継がれていくであろうと思われる。

この他、「~テシモタ」から「~テモタ」を経て生じた「~テンタ」「~トゥンタ」からの変化形である新方言「~ツンタ」の使用なども認められた。

方言の中にはほとんど使われなくなってしまったもの、まだまだ使われ続けているもの、形を変えたり新しく生まれたりするものがある。生徒にとって、自分たちに身近な言葉の背景を知ることで、改めて方言に関心をもち、自己の言語的アイデンティティの形成につながることを期待したい。

（高谷直樹）

写真11 「あったまるざあ」
あわら温泉屋台村 湯けむり横丁
「～ざあ」は嶺北方言の代表的文末詞で〈～だよ〉に近い意味。

写真12 「ござんせ」
おおい町 土産菓子ネーミング 「ござんせ」は〈いらっしゃい〉の意味。

参考文献（著者の五十音順）

天野義廣（一九七四）「生活語彙」『勝山市史 第一巻』勝山市
天野義廣（二〇〇六）「解説（福井県大野市の生活語彙）」『大野市史 第一二巻 方言編』大野市役所
井上史雄（二〇〇三）『日本語は年速一キロで動く』講談社現代新書
井上史雄（二〇二一）「買える方言 見る方言」『日本語学』二〇二一年秋号（通巻五〇六号）、明治書院
井上史雄・大橋敦夫・田中宣廣・日高貢一郎・山下暁美（二〇一三）『魅せる方言―地域語の底力―』三省堂
井上史雄・加藤和夫・中井精一・半沢康・山下暁美編著（二〇一一）『北陸方言の地理的・年齢的分布（北陸グロットグラム）』科学研究費研究成果報告書、研究代表者井上史雄、明海大学
井上史雄・松井伸枝（一九八四）「雪に関する語彙の地域差・年齢差―福井県と岐阜県の年齢層別分布地図―」『人類科学』三六号、九学会連合
上田万年（一八九五）「標準語に就きて」『帝国文学』第一巻第一号
上野善道（一九八四）「N型アクセントの一般特性について」『現代方言学の課題2 記述的研究篇』明治書院　＊平山輝男博士古稀記念会編
上野善道（二〇一二）「N型アクセントとは何か」『音声研究』一六巻一号、日本音声学会
内山純蔵監修／中井精一、ダニエル・ロング編（二〇一一）『世界の言語景観 日本の言語景観―景色のなかのことば―』桂書房
NHK放送文化研究所編（一九九七）『データブック全国県民意識調査一九九六』日本放送出版協会
大崎恭子・内藤令子・西田美知子・松浦教子（一九七三）「福井県南条郡と敦賀市における語詞の分布」『日本方言研究会第一

六回研究発表会発表原稿集』
岡倉由三郎（一八九〇）『日本語学一斑』明治義会
奥村三雄（一九六一）「方言の実態と共通語化の問題点2　京都・滋賀・福井」『方言学講座　第三巻　西部方言』東京堂　＊遠藤嘉基ほか編
加藤和夫（一九八〇ａ）「福井県若狭地方における言語分布相―主に語の伝播の観点から―」『都大論究』一七号、東京都立大学国語国文学会
加藤和夫（一九八〇ｂ）「詞章を対象とした言語地理学―若狭地方の「蛍とり歌」の場合―」『佐藤茂教授退官記念　論集国語学』桜楓社
加藤和夫（一九八一）「囲炉裏の座名体系の分布と変遷―若狭地方の囲炉裏をめぐる語彙―」『都大論究』一八号、東京都立大学国語国文学会
加藤和夫（一九八二）「周圏分布と方言周圏論―分布に探る「つらら」方言の音韻変化過程―」『国語国文学』第二三号、福井大学国語国文学会
加藤和夫（一九八三）「福井県若狭地方における「肩車」の俚言分布」『人文学報』一六〇号、東京都立大学人文学部
加藤和夫（一九八八）「福井県若狭地方における受身・可能表現の分布とその解釈」『論集ことば』東京都立大学人文学部国文研究室
加藤和夫（一九八九）「福井県若狭地方における語法の分布とその解釈(二)―敬語助動詞をめぐって―」『和洋国文研究』二四号、和洋女子大学国文学会
加藤和夫（一九九〇）「北陸地方の方言研究」『東条操先生生誕一〇〇年記念　日本方言研究の歩み　論文編』角川書店
加藤和夫（一九九二）「福井県方言」『現代日本語方言大辞典　第1巻』明治書院　＊平山輝男ほか編著
加藤和夫（一九九五）「隠れた方言コンプレックス」『変容する日本の方言―全国14地点、2800名の言語意識調査―（『言

語』九五―一一別冊）』大修館書店　＊言語編集部
加藤和夫（一九九七）「福井県武生市下中津原町方言の否定の表現」『金沢大学語学・文学研究』二六号、金沢大学教育学部国語国文学会
加藤和夫（二〇〇二）「日本海側の雪のことば―北陸地方の雪にまつわることば―」『日本語学』二一巻一号、明治書院
加藤和夫（二〇〇三a）「北陸人の方言意識を探る―コンプレックスからの脱却をめざして―」『北國文華』一五号、北國新聞社
加藤和夫（二〇〇三b）「第一章　方言」『わかさ美浜町誌〈美浜の文化〉第五巻　語る・歌う』美浜町
加藤和夫（二〇〇七）「第8章　方言」『概説日本語学　改訂版』明治書院　＊鈴木一彦・林巨樹監修、飯田晴巳・中山緑朗編
加藤和夫（二〇一四）「〈街の考現学〉言語景観としての方言活用のススメ」『金沢経済同友』Vol.111、金沢経済同友会
加藤和夫（二〇一八）「若狭弁」『関西弁事典』ひつじ書房　＊真田信治監修
加藤和夫（二〇二〇）「生涯学習における方言の役割」『実践方言学講座　第2巻　方言の教育と継承』くろしお出版　＊大野眞男・杉本妙子編
加藤和夫（二〇二一）「福井方言の歴史と今」『いきいきセミナー　ラジオ放送講座テキスト』三三巻九号、福井県社会福祉協議会
加藤和夫（二〇二二）「北陸地方における方言景観の特徴」『国際文化』四号、公立小松大学国際文化交流学部
加藤和夫編（二〇一九）『北陸地方の方言景観《資料集》』科学研究費研究成果報告書
辛川十歩（一九三九）『「メダカ」方言語彙』私家版
言語編集部（一九九五）『変容する日本の方言―全国14地点、2800名の言語意識調査―（『言語』九五―一一別冊）』大修館書店
国語学会編（一九八〇）『国語学大事典』東京堂出版
国立国語研究所編（一九五一）『言語生活の実態―白河市および附近の農村における―』秀英出版

国立国語研究所編（一九八〇）『方言談話資料（4）―福井・京都・島根―』秀英出版　＊加藤和夫が越前市下中津原町方言の解説・文字化・共通語訳

国立国語研究所編（一九八三）『方言談話資料（7）―老年層と若年層の会話―』秀英出版　＊加藤和夫が越前市下中津原町方言の文字化・共通語訳

国立国語研究所編（一九八七ａ）『方言談話資料（9）―場面設定の対話―』秀英出版　＊加藤和夫が越前市下中津原町方言の文字化・共通語訳

国立国語研究所編（一九八七ｂ）『方言談話資料（10）―場面設定の対話 その2―』秀英出版　＊加藤和夫が越前市下中津原町方言の文字化・共通語訳

国立国語研究所編（二〇〇四）『全国方言談話データベース 日本のふるさとことば集成 第10巻 富山・石川・福井』国立国語研究所資料集一三―一〇、国書刊行会

佐藤和之・米田正人編著（一九九九）『どうなる日本のことば―方言と共通語のゆくえ―』大修館書店　＊加藤和夫ほか一〇名著

佐藤　茂（一九六二）「福井県嶺南地方（若狭）方言」『近畿方言の総合的研究』三省堂　＊楳垣実編

佐藤　茂（一九七九）「地域別方言の特色―福井方言」『全国方言基礎語彙の研究序説』明治書院　＊平山輝男編

佐藤　茂（一九八三）「福井県の方言」『講座方言学6 中部地方の方言』国書刊行会　＊飯豊毅一ほか編

佐藤亮一（一九八三）「福井市、および、その周辺地域のアクセント―調査法と型の区別の現れ方との関連を中心に―」『国語学研究』二三号、「国語学研究」刊行会

佐藤亮一（一九八八）「福井市およびその周辺地域におけるアクセントの年齢差、個人差、調査法による差」『方言研究法の探索』秀英出版　＊国立国語研究所

佐藤亮一監修（二〇〇二）『お国ことばを知る 方言の地図帳』小学館

佐藤亮一編(二〇〇九)『都道府県別 全国方言辞典 CD付き』三省堂
真田信治(一九八七)『標準語の成立事情―日本人の共通ことばはいかにして生まれ、育ってきたのか―』PHP研究所
柴田　実(二〇〇一)「方言への愛着意識」『日本語学』二〇巻八号、明治書院
庄司博史／P・バックハウス／F・クルマス編著(二〇〇九)『日本の言語景観』三元社
杉藤美代子(一九八二)『日本語アクセントの研究』三省堂
田中宣廣(二〇一六)「方言の拡張活用と方言景観」『はじめて学ぶ方言学―ことばの多様性をとらえる28章―』ミネルヴァ書房　＊井上史雄・木部暢子編
東條　操(一九五三)『日本方言学』吉川弘文館
中田祝夫(一九六九)『東大寺諷誦文稿の国語学的研究』風間書房
新田哲夫(一九八七)「北陸地方の間投イントネーションについて」『金沢大学文学部論集 文学科篇』七号
新田哲夫(二〇一一)「福井県三国町安島方言における maffa《枕》等の重子音について」『音声研究』一五巻一号、日本音声学会
新田哲夫(二〇一二)「福井県越前町小樟方言のアクセント」『音声研究』一六巻一号、日本音声学会
日高貢一郎(一九九六)「方言の有効活用」『方言の現在』明治書院　＊小林隆・篠崎晃一・大西拓一郎編
平山輝男(一九五一)「福井県下の音調(上)」『音声学会会報』七七号
平山輝男(一九五三・一九五四)「福井県嶺北方首の音調とその境界線(その1・2・3)」『音声学会会報』八三・八四・八五号
福井県福井師範学校(一九三一)『福井県方言集』福井県福井師範学校
福田太郎(一九〇二)『若越方言集』品川書店
松倉昂平(二〇一八)「福井県大野市方言」『全国方言文法辞典資料集(4)活用体系(3)』科学研究費研究成果報告書

松倉昂平（二〇一八）「福井県坂井市三国町安島方言の三型アクセント―付属語のアクセントと型の中和―」『国立国語研究所論集』一四号
松倉昂平（二〇二二）『福井県嶺北方言のアクセント研究』武蔵野書院
松倉昂平・新田哲夫（二〇一六）「福井三型アクセントの共時的特性の対照」『音声研究』二〇巻三号、日本音声学会
松崎強造（一九三三）『福井県大飯郡方言の研究』福井県大飯郡教育会
松丸真大（二〇〇六）「見ない、見ろ」『月刊言語』三五巻一二号、大修館書店
松本善雄（一九八一）『福井県方言集とその研究』私家版
松本善雄（一九八九）『福井県方言集』私家版
柳田国男（一九三〇）『蝸牛考』刀江書院
山口幸洋（一九八五）「福井方言の間投イントネーションについて」『音声の研究』二一集、日本音声学会

付録1　福井県の方言景観

北陸地方は方言コンプレックスが比較的強い地域とされ、方言の衰退も速く、従来から方言景観の利用にも消極的だったと考えられるが、最近では徐々に方言景観が増えつつある。筆者は二〇一六〜二〇一八年度の三年間、科学研究費補助金を得て北陸三県の県庁所在地である石川県金沢市、富山県富山市、福井県福井市を中心とした各県の主要地点での臨地調査によって方言景観を収集した。本付録では、調査で収集できた三〇〇例余りの方言景観のうち、福井県内で見られた方言景観を、その活用方法によって大きくA「方言看板・方言キャッチコピー類」と、B「方言ネーミング・方言グッズ類」の二種に分けた。

A「方言看板・方言キャッチコピー類」のうち、「方言看板」は看板や垂れ幕などに方言の文や語句が載っているもの、「方言キャッチコピー」は看板や垂れ幕といった形状以外の場所で見る人に方言の文や語句で呼びかけたり、誘ったりしているもの。B「方言ネーミング・方言グッズ類」のうち、「方言ネーミング」は土産物などの品物や施設などに方言で名付けが行われているもの、「方言グッズ」は方言手ぬぐいや、方言のれん、方言湯呑み、方言ネクタイ、方言スタンプといった類を指す。

三年間で収集した全三一九例のうち、石川県が一九九例で全体の三分の二近く(62%)を占め、富山県(五八例)・福井県(六二例)に比べて圧倒的に多いことがわかった。石川県の場合、その半数の一〇〇例ほどが金沢市内で見られたものであり、金沢市内ではその後も増加傾向にある。金沢市内の方言景観は一九九〇年代に比べて二〇〇〇年代に入ると徐々に増え始め、二〇一〇年代、とりわけ北陸新幹線の長野・金沢間開業した二〇一五年前後から急激に数を増やし始めた。北陸地方でも方言の〝見える化〟が確実に進んできたと言えよう。

以下では、筆者が福井県内で収集した方言景観の具体例を示すが(方言形にあたる部分に傍線を付した)、まずはじめに、「方言看板」「方言キャッチコピー」「方言ネーミング」「方言グッズ」から各一例ずつ写真を載せる。

写真13は、「方言看板」の冒頭に挙げた福井市片町の某居酒屋店頭の看板にあった方言「いっぺん、うちで喰ってんでの。」（「喰ってんでの」は〈食べてください〉の意）、写真14は、「方言キャッチコピー」の冒頭に挙げた越前市内某食堂店頭でみられた方言「福井のうまいもん食べていきねの」（「食べていきねの」は〈食べていきなさいね〉の意）、写真15は、「方言ネーミング」の冒頭に挙げたＪＲ福井駅東口の公共ビルの名称に使われている方言「ＡＯＳＳＡ」（「ＡＯＳＳＡ（あおっさ）」は〈会おうよ〉の意味）、写真16は、「方言グッズ」の冒頭に挙げた代表的な嶺北方言の単語七つを載せた方言Ｔシャツの例である。

Ａ　方言看板・方言キャッチコピー類

〔方言看板〕

・いっぺん、うちで喰ってんでの。（福井市片町の居酒屋店頭看板）　＊写真13
・いっぺん座ってみねの（越前市内某量販店家具売り場の看板）
・気いつけねーの（旧今立《いまだて》町内の道路脇看板）　＊写真8
・い～ざぁ福井（ＪＲ西日本福井地域鉄道部　駅構内垂れ幕）
・福井に来たざぁ‼　いっぺん食べてみねのお（福井駅西口居酒屋店頭垂れ幕）
・しらんひとについていったら　あかん！（越前市青少年健全育成標語看板）　＊写真1
・勝手に入らんといて！　ここ、ひとんちやざ　黙って入ったらあかん（越前市白山《しらやま》地区コウノトリの里近くの民家敷地内看板）
・よ～きたの（東尋坊駐車場入り口看板）
・越前坂井　うららの極味膳（丸岡・一筆啓上茶屋駐車場看板）
・ようございました　ちょっといっぷくさんせ（おおい町コンビニ駐車場看板）　＊写真2

写真15　方言ネーミング

写真13　方言看板

写真16　方言グッズ

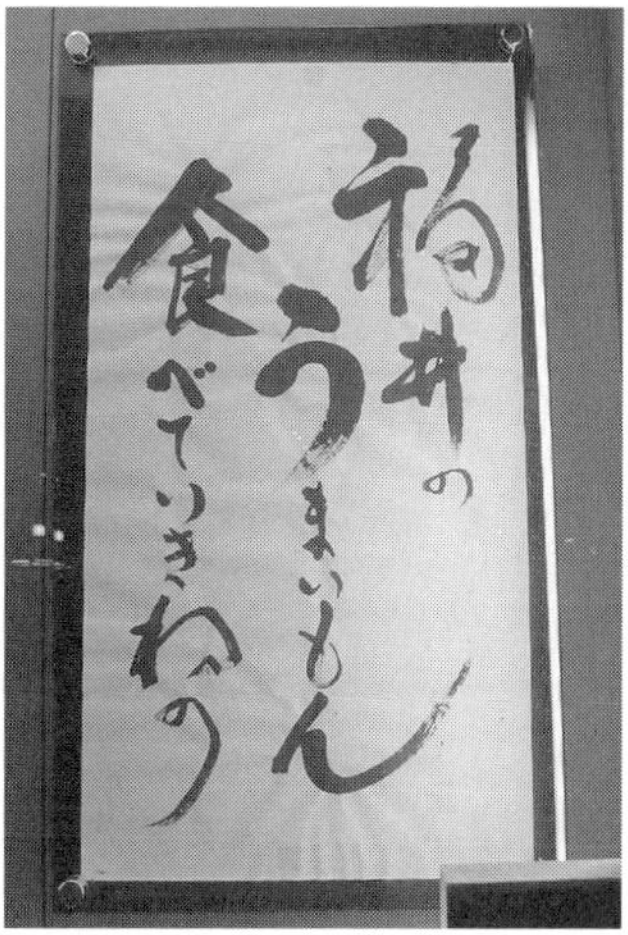

写真14　方言キャッチコピー

〔方言キャッチコピー〕

・福井のうまいもん食べていきねの（越前市内某食堂店頭）　＊写真14
・おかえりなさい ゆっくりしていきねの（越前市内某スーパーマーケット）
・越前がにを食べに来てんでのぉ。（福井市観光ポスター）　＊写真6
・いっぺん、使ってみねの。（福井駅西口地下駐車場パンフレット）
・おいしいでたべてみねの（福大飴のパッケージ）
・あおっさ いこっさ い〜ざ さかい（とうかい・北陸B-1グランプリin坂井２０１６）
・メッチャかた〜い!!　でも…メッチャうまい!!　うめぇんやざ。いっぺん食べてみねの！（眼鏡堅パン宣伝ＰＯＰ）
・たべよっさＥｃｈｉｚｅｎ！（越前市中央図書館横の飲食コーナーのポスター）
・晩酌にちょっと一杯やってこさ（越前市駅前某やきとり店）
・手を入れて写真を撮ろっさ（福井駅構内写真スポット フクイサウルス）
・ハモろっさ２０１７（アカペライベントのポスター）
・見ておっけのお！（鯖江市・道の駅西山公園売店）　＊写真3
・つるつるいっぱいのおもてなし（福井市もてなしキャンペーン）
・いつも〜買うてくれて〜 お〜きんの〜 おいしい飲みもん どうや〜（某飲料メーカーの方言自販機キャッチコピー）　＊写真10
・あったまるざあ（あわら市 あわら温泉屋台村 湯けむり横丁）　＊写真11
・ちょこばななやざ〜、だわもんのかいこさん（ちょこばなな羽二重餅のＰＯＰ）
・暑い中のご来店ありがとのぉ〜 ゆっくり買い物してっての（越前市内某スーパーマーケット）
・よう〜来なったの〜（北陸自動車道女形谷《おながたに》ＳＡ上り売店）　＊写真9

・よう来なったの。福井（丸岡の石川との県境の看板）
・ようきてくんねした勝山（恐竜博物館土産入れポリ袋）
・おいでやす！（道の駅若狭おばま 小浜市観光地図看板）　＊表紙写真

B　方言ネーミング・方言グッズ類

〔方言ネーミング〕

・AOSSA〈会おっさ〉（福井駅東口公共ビル名）　＊写真15
・IKOSSA〈行こっさ〉（金津本陣《かなづほんじん》）　＊写真7
・KAOSSA〈買おっさ〉（土産菓子のクッキー、ロールケーキ名）
・のろっさ（越前市市民バス愛称）　＊表紙写真
・乃もっ茶〈飲もっさ〉（そば茶名）
・いこさ寄席（福井芸術・文化フォーラム 寄席名）
・お笑いつるつるイッパイ‼（越前市サマーフェスティバル2008ネーミング）
・奥越嶺南つるつるいっぱい（NHK福井放送局NEWS SAURUSコーナー名）
・つるつるいっぱい FUKUI CITY GUIDE（福井市観光ガイド名）　＊写真4
・HeRaSoSSa ‼減らそっさ（福武《ふくぶ》線電車）
・太らん⁉ 麺（福井駅前ラーメン店メニュー名）
・iza イーザ（三国ショッピングワールド名）
・買う座 呑む座（福井駅構内地酒コーナー名）

・うららのドレッシング（ドレッシング名）
・うらら姫（エントリー募集ポスターでの愛称）
・うらら農縁倶楽部・体験交流農舎ほやって（鯖江市河和田《かわだ》地区の農業団体名）
・いっちょらいの麺（福井県産米粉入そうめん名）
・もてら（大野市豆腐店の豆腐、豆乳デザート、豆乳飲料名）
・おもいでな、だんね、かたいけの、てなわん、おぼこい（福井市内洋菓子店の越前蒸し菓子名）
・あのの、ほやほや（福井市内菓子店の土産菓子名）
・登ってみねの福井の山（福井山歩会会誌名）
・たべね（鯖江市内某菓子店の菓子名）
・かすなもん（日本酒名）
・ほやって（越前米焼酎名）
・ほやって（福井新聞販売店丹南地区限定生活実用マガジン名）
・だんね原酒（本格焼酎名）
・ふくチャリ（福井市まちなかレンタサイクル名）
・チュベッタ（福井駅構内売店 ひんやりスイーツ名）
・おくどさん（道の駅おばまレストラン名）
・オルパーク（敦賀駅交流施設愛称）
・ｏｔｔａオッタ（敦賀駅前商業施設名）　＊写真5
・ござんせ（おおい町土産菓子名）　＊写真12

・きなーれ（高浜市場の名称）

〔方言グッズ〕

・ちかっぺ、けなりー、じゃみじゃみ、ちっくりさす、つるつるいっぱい、おちょきん、ちゃまる（福井弁Tシャツ）　＊写真16

・てきねい、だんね、他（福井方言てぬぐい三種）

・つるつるいっぱい、じゃみじゃみ、だんね、おちょきん、けなるい、他（福井方言菓子）

・ほやほや（福井弁ストラップ）

・でも知ってるんやよ〜（福井の言葉クリーナー）

（注）以上の方言景観の例には、三年間の研究期間後に収集したものも含む。また中には、期間限定で見られたものなど、現在では確認できないものもある。

以上の例からは、次のようなことがわかった。福井県の方言景観で用いられる代表的方言形は、優しい命令「〜なさい」の意の文末詞「〜ねぇ、〜ね」（「〜なさい」が「〜なはい」→「〜ない」→「ね（ー）」に変化）、勧誘「〜ましょう」にあたる文末詞「〜っさ」、文末のモダリティ表現（話し手の認識を相手にも認めさせる）「〜ざぁ（〜よ）」などであるが、特定の方言形が多用される傾向にある石川県・富山県に比べて、特定の方言形にあまり集中せず、使用される方言形の種類が多いことが特徴であること、また、方言区画で近畿方言に含まれる嶺南地方では、福井の方言としての特徴をアピールしにくいためか、方言景観はほとんど見られず、福井県の方言景観は嶺北地方に集中していることなどである。

ちなみに、石川県では、その四割近くに尊敬の敬語助動詞「まっしゃる／まさる」の命令形「まっし」が含まれている。「まっし」は本来優しい命令の意だったものが、現在は勧誘「〜ましょう」の意を含んだ文末詞と意識されている。富山県では、石川県の「〜まっし」に似た使われ方をする尊敬の敬語助動詞「れる・られる」の命令形「〜れ・〜られ」、魚介類などの新鮮な様子を表す「きときと」、勧誘の「～ましょう」にあたる「～んまいけ」などが多用されている。

嶺北地方、とりわけ県庁所在地の福井市を中心とした無アクセント地域は、第二章でも言及したように全国的に見て方言コンプレックスが強い地域とされ、そのためか、かつては生活語以外で方言を活用しようという動きも極めて低調であった。しかし、全国的に方言の再評価が進む中で、福井県内でも観光客や地元の人に向けた方言活用例が次第に見え始めた。

観光客向けの活用例には、以前JR福井駅改札口に恐竜の絵とともに「また来ねの！福井」〈また来なさいね！福井〉の方言を用いた掲示が一時期見られたし、福井市内某洋菓子店が長く販売している蒸し菓子には、「おもいでな」〈楽しみな〉、「だんね」〈大丈夫だ〉など五種類の方言名が付けられている。JR福井駅近くの居酒屋の看板にも「福井に来たざぁ‼」〈福井に来たよ〉、「いっぺん食べてみねのお」〈一度食べてみなさいよ〉といった方言使用が見られるようになり、「かすなもん」〈大変なもの〉と名付けられた日本酒、「ほやって」〈そうだよ〉と名付けられた焼酎、福井の代表的方言をプリントした方言Tシャツや方言ストラップなども見られる。方言を活用することが、観光客に向けては旅情とともにエトランゼ感覚を味わってもらうとともに、地方らしさをアピールするための効果的手段であることがようやく意識され始めたようだ。

一方、地元の人たちのふるさと意識を高める手段としての方言活用例も見え始めた。二〇〇七年に完成したJR福井駅東口の公共施設が多く入った商業ビルは「AOSSA（アオッサ）」〈会おうよ〉の意）と名付けられ、市民に親しまれている。越前市のコミュニティーバス「のろっさ」〈乗ろうよ〉のネーミング例のほか、福井市では二〇一四年度から「つるつるいっぱいのおもてなし」（「つるつるいっぱい」は〈液体が容器からあふれるほどいっぱい〉の意）という方言を用いたポスターを作って、職員が率先して来庁者への笑顔の応対やあいさつに励む、おもてなし向上運動に取り組んでおり、二〇一八年の福井国体で全国から訪れる選手・監督や観戦者へのおもてなしの精神にも繋げようとしたものである。

なお、福井県は二〇二二年度から県主導で「福井の方言愛着ましましプロジェクト」をスタート。方言をめぐるいくつかの企画が進行中で、生活語としての方言の見直しとともに、行政・民間レベルでの広義の方言景観の新たな創出が期待される。

付録2 福井県方言に関する参考文献

ここに載せるものは、筆者も編集委員の一人であった日本方言研究会編（一九九〇）『東条操先生生誕一〇〇年記念 日本方言研究の歩み 文献目録』に収載の福井県方言関係の書目と論文のリスト（一九八八年までに発行、発表されたもの）を基礎資料として、一九八九年以降については国立国語研究所のウェブサイトにある「日本語研究・日本語教育文献データベース」を参照して筆者が追補したものである。また、本付録作成にあたっては、福井県郷土誌懇談会事務局の長野栄俊氏から貴重な追加情報等をいただいた。記して感謝申し上げる。

「書目」については、編著者『書名』発行所、発行年の順、「論文」については、著者「論文名」『所収雑誌名』巻号（または『単行本名』発行所）、発行年の順に載せた。「書目」「論文」とも、発行年の古いものから新しいものへ順に配列した。

■書目

大田栄太郎『福井県方言（方言集覧稿）』私家版、刊年不明
高島 正『方言随纂』私家版、刊年不明
高島 正『西藤島・中藤島・河合・森田四ケ村方言訛言集』私家版、刊年不明
福田太郎『若越方言集』品川書店、一九〇二
大飯郡教育会『大飯郡地方 方言訛語の調査』大飯郡教育会、一九三〇
福井県福井師範学校『福井県方言集』福井県福井師範学校、一九三一
福井県下連合教育研究会『国語読本対照 福井県方言調』福井県下連合教育研究会、一九三二
島崎圭一『越前坂井郡方言集（俗耳叢書）』私家版、一九三二
徳山国三郎『福井の方言』貴信房、一九三二
松崎強造『福井県大飯郡方言の研究』福井県大飯郡教育会、一九三三
吉崎尋常小学校『吉崎村を中心とする方言訛語』吉崎村、一九三四
山本計一『敦賀町方言集』敦賀尋常高等小学校、一九三六
石畝弘之『大野郡北谷村聞書』私家版、一九四二
石橋重吉『若越の方言（若越郷土叢書 第一輯）』北日本出版社、一九四七
宮前経吉『福井県の天気俚諺』福井県始動農業協同組合聯合会・福井測候所・福井県農業共済保険組合、一九四九

島田静雄『アイヌ語より見たる福井県の地名方言伝説』人々学社、一九五〇
佐藤　茂『福井県方言研究の概観（地方調査報告）』国立国語研究所、一九五一
佐藤　茂『福井県方言音韻の特徴形の実態（地方調査報告）』国立国語研究所、一九五一
東條操編『全国方言辞典』東京堂出版、一九五一
島田静雄『越前・若狭 方言の歴史』人々学社、一九五二
天野俊也『福井県大野郡北谷村における敬語法』私家版、一九五三
佐藤　茂『坂井郡東十郷村（方言の記述）（地方調査報告）』国立国語研究所、一九五四
石橋重吉『若越の方言』（再刊）安田書店、一九五五　＊底本は一九四七
東條操編『標準語引 分類方言辞典』東京堂出版、一九五四
石畝弘之『小原民俗誌稿』私家版、一九五五
福井市立郷土博物館『福井県の植物方言』福井市立郷土博物館、一九五七
中空清三郎『安島方言』私家版、一九五九
斎藤槻堂『若越民俗語彙』福井県郷土誌懇談会、一九六〇
福田太郎『若越方言集』（復刻版）品川書店、一九六一　＊底本は一九〇二
日本放送協会編『全国方言資料 第3巻 東海・北陸編』日本放送出版協会、一九六六
上中町教育研究会国語部会『上中町の方言しらべ―附・小中学校児童生徒の気になる直したいことば―』上中町教育研究会国語部会、一九六六
真名川流域民俗調査団『真名川流域の民俗』福井県教育委員会、一九六八
若越方言研究会『新編 若越方言集』品川書店、一九六九
内山健太郎『東尋坊と三国―附「みくに方言集」―』福井県坂井郡三国町役場、一九六九
福井県教育委員会『ふるさとのあそび―福井県学制一〇〇年記念―』福井県教育委員会、一九七二
藤本良致『松岡の方言概説』松岡町教育委員会、一九七四
轟友会文化部『とどろゐ 第二集―方言集―』轟友会文化部、一九七四
福井県福井師範学校『福井県方言集』（再刊）国書刊行会、一九七五　＊底本は一九三一
松崎強造『福井県大飯郡方言の研究』（再刊）国書刊行会、一九七五　＊底本は一九三三
松村伊佐吉『方言のしらべ』私家版、一九七六
青木捨夫『越廼の風位考』私家版、一九七六
藤本良致『越前若狭の方言（福井豆本 第一号）』福井豆本の会、一九七六
青木捨夫『越廼村漁民方言語彙』私家版、一九七七

加藤和夫『南川・北川流域言語地図集』私家版、一九七七
細野孝一『越前勝山方言いろはかるた（福井豆本）』福井豆本の会、一九七九
徳川宗賢編『日本の方言地図（中公新書）』中央公論社、一九七九
国立国語研究所編『方言談話資料（4）―福井・京都・島根―』秀英出版、一九八〇　＊佐藤茂・加藤和夫が福井方言の解説・文字化・共通語訳
松本善雄『福井県方言集とその研究』私家版、一九八一
日本放送協会編『カセットテープ全国方言資料　第三巻　東海・北陸編』日本放送出版協会、一九八一
国立国語研究所編『日本言語地図　縮刷版』（第1集～第6集）大蔵省印刷局、一九八一～八五
立花恵秀・森田和夫『弄（もちゃすび）』海光堂書店、一九八二
三方町高齢者教室『三方の方言　昭和56年度』三方町高齢者教室、一九八二
盆出　芸『山干飯ことば集』私家版、一九八三
国立国語研究所編『方言談話資料（7）―老年層と若年層の会話―』秀英出版、一九八三　＊佐藤茂・加藤和夫が福井方言の文字化・共通語訳
若狭高校郷土研究部『若狭地方方言地図集』若狭高校郷土研究部、一九八四
国立国語研究所編『方言談話資料（9）―場面設定の対話―』秀英出版、一九八七　＊佐藤茂・加藤和夫が福井方言の文字化・共通語訳
国立国語研究所編『方言談話資料（10）―場面設定の対話　その2―』秀英出版、一九八七　＊佐藤茂・加藤和夫が福井方言の文字化・共通語訳
徳川宗賢監修『日本方言大辞典　全三巻』小学館、一九八九
松本善雄『福井県方言集』私家版、一九八九
国立国語研究所編『方言文法全国地図　全六集』大蔵省印刷局、一九八九～二〇〇六
永平寺町高齢者学級『永平寺町方言あつめ　おつくね』（第1集～第3集）永平寺町高齢者学級・永平寺町教育委員会、一九九〇～九二
蓑輪寿栄治『さばえ方言考』私家版、一九九〇
佐々木泰信『ふるさと福井、一乗谷での方言散歩』私家版、一九九一
平山輝男ほか編『現代日本語方言大辞典　全九巻』明治書院、一九九二～九四
中川幾一郎『福井ことば―福井県嶺北地方　特に福井市広域圏を中心に』私家版、一九九三
松原未湖『ふくいの方言ききあつめ』私家版、一九九四
松本善雄『福井県方言辞典』私家版、一九九四
井上史雄ほか編『日本列島方言叢書12　北陸方言考2　富山県・石川県・福井県』ゆまに書房、一九九六

江端義夫・加藤正信・本堂寛編『最新 ひと目でわかる全国方言一覧辞典』学習研究社、一九九八 ＊加藤和夫ほか四九名著［加藤による福井県の記述あり］
日本放送協会編『CD-ROM版 全国方言資料 全一二巻』NHK出版、一九九九 ＊四枚のCD-ROMの一枚に第三巻として東海・北陸編を収める
三上悠紀夫『ことばの細道』私家版、二〇〇〇
佐藤亮一編『都道府県別 全国方言小辞典』三省堂、二〇〇二 ＊・加藤和夫ほか四四名著［加藤による福井県の記述あり］
佐藤亮一監修『お国ことばを知る 方言の地図帳』小学館、二〇〇二 ＊加藤和夫ほか六名著
美浜町誌編纂委員会『わかさ美浜町誌〈美浜の文化〉第五巻 語る・歌う』美浜町、二〇〇三
井上史雄・吉岡泰夫監修『中部の方言―調べてみよう暮らしのことば―』ゆまに書房、二〇〇四 ＊加藤和夫ほか五名著［福井県の記述あり］
佐藤亮一監修『標準語引き 日本方言辞典』小学館、二〇〇四
国立国語研究所『日本のふるさとことば集成 第10巻 富山・石川・福井』国書刊行会、二〇〇五
NHK放送文化研究所監修『21世紀に残したい ふるさと日本のことば(3)中部地方』学習研究社、二〇〇五
大野市史編さん委員会『大野市史 第一二巻 方言編』大野市役所、二〇〇六
佐藤亮一監修『方言(ポプラディア情報館)』ポプラ社、二〇〇七 ＊福井方言で聞く「桃太郎」文字化・音声CD付き
佐藤亮一編『都道府県別 全国方言辞典』三省堂、二〇〇九 ＊加藤和夫ほか五二名著［加藤による福井県の記述あり］
井上史雄・加藤和夫ほか三名『北陸方言の地理的・年齢的分布(北陸グロットグラム)科学研究費研究成果報告書』明海大学、二〇一一
真田信治・友定賢治編『県別 罵詈雑言辞典』東京堂出版、二〇一一 ＊福井県に関する部分、加藤和夫執筆
新田哲夫『越前海岸の方言』科学研究費研究成果報告書、二〇一三
新田哲夫『越前海岸の方言―音声特徴と風位語彙』科学研究費研究成果報告書、二〇一三
真田信治・友定賢治編『県別 方言感情表現辞典』東京堂出版、二〇一五 ＊福井県に関する部分、加藤和夫執筆
都染直也『JR小浜線・舞鶴線 敦賀―綾部間 グロットグラム集』甲南大学方言研究会、二〇一六
真田信治・友定賢治編『県別 方言感覚表現辞典』東京堂出版、二〇一八 ＊福井県に関する部分、加藤和夫執筆
加藤和夫『北陸地方の方言景観《資料集》』科学研究費研究成果報告書、二〇一九
末本真佐明『うら&わてらの放言笑事典(改訂版)』私家版、

二〇一九　＊初版は二〇〇八
佐藤亮一編『方言の地図帳（講談社学術文庫）』講談社、二〇一九　＊加藤和夫ほか六名執筆
新田哲夫・松倉昂平『ＤＶＤ福井県坂井市三国町安島方言の重子音』科学研究費研究成果報告書、二〇二〇
松倉昂平・新田哲夫『福井三型アクセント資料集』科学研究費研究成果報告書、二〇二〇
間海幸洋『安島方言集』私家版、二〇二一
松倉昂平『福井県嶺北方言のアクセント研究』武蔵野書院、二〇二二

■論文

鳥井邦太郎「福井県越前国今立郡蓑脇方言表」『人類学会誌』三五号、一八八九
白　鳳　生「越前国坂井郡地方児童戯言」『風俗画報』二六四号、一九〇三
玉村　直「方言」『福井案内記』福井案内記編纂会、一九〇九
南　山　人「越前の国大野の方言」『風俗画報』四五二号、一九一三
島崎圭一「民俗篇　五　方言一斑」『福井県芦原温泉誌』芦原温泉誌刊行会、一九三二
神山西小学校「方言」『神山村誌』福井県南条郡神山尋常高等小学校、一九三二
「方言絵葉書―加賀ことば・福井言葉―」『方言』三巻二号、一九三三
中平悦磨「若狭高浜地方の訛音に就て」『方言と土俗』三巻一二号、一九三三
玉岡松一郎「福井県方言調、他一」『方言』五巻一一号、一九三五
玉岡松一郎「越前南部のアクセント」『土の香』九九号、一九三六
山本久吉「方言について」『郷土誌農村』一九三六
鷹巣村誌編集部「第七編第六章　高巣村の方言・訛語」『鷹巣村誌』福井県坂井郡鷹巣村、一九三七
南中山小学校「第十三章第一節　方言・音韻の転化」『南中山村誌』南中山村役場、一九三七
三上二三造「方言雑感―福井地方に於て―」『国漢』一九四〇
石橋重吉「第十一篇　第十二章　方言」『稿本　福井市史　下』福井市役所、一九四一
石橋重吉「第二十章　方言」『福井県足羽郡誌　前篇』足羽郡教育会、一九四三
石井昭示「北谷村の特殊方言」『若越文芸』四巻一号、一九四八
坂森昭一「吉田郡上志比村の「ユミナ」」『若越文芸』四巻一号、一九四八
藤本良致「福井県の肩車方言調べ」『近畿民俗』一号、一九四四

九
藤本良致「福井県動物方言考(一)(二)」『若越民俗』一号・二号、一九四九
寺田泰政「福井県下アクセントの概観」『近畿方言』九号、一九五一
佐藤　茂「福井県方言における一つの型について」『音声の研究』七輯、一九五一
平山輝男「福井県下の音調(上)」『音声学会会報』七七号、一九五一
杉原丈夫「星座呼称」『若越民俗』五号、一九五一
佐藤　茂「福井県の言語調査―音韻調査の一例―」『福井大学学芸学部紀要』一号、一九五二
藤本良致「蟻地獄の方言」『若越民俗』九号、一九五二
佐藤　茂「ことば風土記(福井から)」『言語生活』一〇号、一九五二
佐藤　茂「福井県の言語調査(2)―語法について―」『福井大学学芸学部紀要』二号、一九五三
天野俊也「福井県大野郡北谷村に於ける敬語法」『国語国文学(福井大学)』二号、一九五四
平山輝男「福井県嶺北方言の音調とその境界線(その1・2・3)」『音声学会会報』八三号・八四号・八五号、一九五三・一九五四
佐藤　茂「ていねいさのずれ(ことば風土記)」『言語生活』二九号、一九五四
佐藤　茂「福井県の言語調査(3)―敬語について―」『福井大学学芸学部紀要 第1部 人文・社会』三号、一九五四
天野俊也「福井県勝山町に於ける「行けへん」「行きねへん」等の否定法」『福井県勝山高校研究紀要』一号、一九五四
永江秀雄「桑の実(ことば風土記)」『言語生活』三六号、一九五四
佐藤　茂「オモイデナ(ことば風土記)」『言語生活』三八号、一九五四
佐藤　茂「福井県の言語調査(4)―ふたたび、敬語について―」『福井大学学芸学部紀要 第I部 人文科学』四号、一九五五
永江秀雄「若越の方言(ことば風土記)」『言語生活』四五号、一九五五
永江秀雄「カワッパ川太郎(ことば風土記)」『言語生活』五一号、一九五五
永江秀雄「クドイという言葉(ことば風土記)」『言語生活』五七号、一九五五
佐藤　茂「福井」『NHK国語講座　方言の旅』宝文館、一九五五六　*日本放送協会編
佐藤　茂「若越の方言」『我等の郷土と人物　第三集』福井県文化誌刊行会、一九五七
永江秀雄「「魚」と「舟揚場」の方言」『若越郷土研究』二巻五

号、一九五七
藤本良致「方位考」『南越』九号、一九五八
永江秀雄「越前方言—特に二、三の音韻について—(ことば風土記)」『言語生活』八六号、一九五八
大野岩男「福井地方の方言について」『民間伝承』二四六号、一九六〇
永江秀雄「「わらづみ」の方言—「丹生」の民俗学的解釈について—」『福井農協情報』巻号不明、一九六〇
永江秀雄「福井県の「つらら」方言」『若越郷土研究』五巻六号、一九六〇
奥村三雄「方言の実態と共通語化の問題点2　京都・滋賀・福井」『方言学講座　第三巻　西部方言』東京堂出版、一九六一　＊遠藤嘉基ほか編
愛宕八郎康隆・寺横武夫「北陸道方言の「トコト」一派の文末詞」『方言研究年報』五巻、一九六二
佐藤　茂「越前方言語法の一面」『方言研究年報』五巻、一九六二
佐藤　茂「福井県嶺南地方(若狭)方言」『近畿方言の総合的研究』三省堂、一九六二　＊楳垣実編
佐藤　茂「若越方言研究の問題点」『若越郷土研究』一〇巻六号、一九六五
高橋義孝「〈ことばは生きている〉福井の「さきに」—前高後低型のアクセントの入籍—」『放送文化』二二巻三号、一九六七
天野俊也「方言〈方言分布図5枚〉」『真名川流域の民俗』福井県教育委員会、一九六八
佐藤　茂「『日本言語地図』第1集と福井県」『福井大学教育学部紀要　第I部　人文科学　国語学・国文学編』一八号、一九六八
田中好三「動詞の語形論(上)(下)—福井県三方郡三方町—」『京都精華学園研究紀要』六号・八号、一九六八・一九七〇
藤原与一「越前の一小方言について」『国文学攷』五〇号、一九六九
吉田則夫「福井県大野市七板方言の性向語彙」『広島大学方言研究会会報』一四号、一九六九
藤本良致「福井県の気象方言(一)~(三)」『若越郷土研究』一四巻一・三号・一五巻五号、一九六九・一九七〇
藤本良致「カタツムリの方言」『若越郷土研究』一四巻五号、一九七〇
菅原儀平治「第五編　民俗　第五章　方言」『わかさ名田庄村誌』名田庄村、一九七一
天野俊也「大野郡教育会勝山部会方言調査記録」『福井県立勝山高校研究紀要』七号、一九七一
藤本良致「福井県の肩車方言」『南越』三四号、一九七二
天野義廣「福井県勝山市地方の方言会話資料」『広島大学方言

研究会会報』二〇号、一九七三
吉田則夫「福井県大野市七板方言談話資料」『広島大学方言研究会会報』二〇号、一九七三
印牧邦雄「付録　方言」『県史シリーズ18 福井県の歴史』山川出版社、一九七三
大崎恭子・内藤令子・西田美知子・松浦教子「福井県南条郡と敦賀市における語詞の分布」『日本方言研究会第一六回研究発表会発表原稿集』、一九七三
永江秀雄「福井県の「つらら」方言」『南越』三五号、一九七三
吉田則夫「[ŋ] 音をもつ擬態語―北陸の一方言のばあい―」『音声学会会報』一四六号、一九七四
天野義廣「生活語彙」『勝山市史 第一巻』勝山市、一九七四
佐藤　茂「福井市地方のむかしばなし（正）・続（シリーズむかしばなしを求めて 9・10）」『言語生活』二七八号・二七九号、一九七四
佐藤　茂「カツグをめぐって―福井県足羽郡美山町の言語調査から―」『福井大学教育学部紀要 第Ⅰ部 人文科学 国語学・国文学・中国学編』二四号、一九七四
藤本良致「ふるさとの方言」『南越』三八号～四〇号、一九七四・一九七五
吉田則夫「「カ行・ガ行」子音について―北陸の一方言の場合―」『広島大学文学部紀要』三四号、一九七五
藤本良致「福井県吉田郡・松岡の方言」『えちぜんわかさ』創刊号、一九七五
藤本良致「福井県のかたぐるま〈肩車〉方言」『日本方言研究会第二一回研究発表会発表原稿集』、一九七五
天野義廣「福井県勝山市の「冬」の生活語彙―「雪」を中心として―」『フィールドの歩み』九号、一九七六
藤本良致「福井県方言考（一）～（五）」『えちぜんわかさ』二号・三号・七号・八号・一一号、一九七六・一九八六・一九八七・一九九〇
天野義廣「福井県勝山市の生活語覚え書き」『えちぜんわかさ』四号、一九七七
小林一男「オーゴヤその他―若狭湾沿岸の産育語彙」『えちぜんわかさ』四号、一九七七
佐藤　茂「日本の方言研究と余―福井県の方言研究の展望と将来（第1回～第4回）」『福井大学教育学部紀要 第Ⅰ部 人文科学 国語学・国文学・中国学編』二七号～三〇号、一九七七～一九八一
加藤和夫「京都周辺地域にみる語の分布パターン―福井県若狭地方の調査から―」『日本方言研究会第二六回研究発表会発表原稿集』、一九七八
佐藤　茂「柳田国男さんのこと」『えちぜんわかさ』五号、一九七八
小林一男「ヘンネシゴその他―続若狭湾沿岸の産育語彙」『え

ちぜんわかさ』五号、一九七八

川本栄一郎「加賀・越前両吉崎における方言の実態とその動向」『金沢大学教育学部紀要 社会科学・人文科学編』二七号、一九七九

加藤和夫「〔修士論文要旨〕福井県若狭地方方言の言語地理学的研究」『日本語研究（東京都立大学）』二号、一九七九

佐藤 茂「柳田国男さんのこと（承前）―『蝸牛考』と『日本言語地図』と―」『えちぜんわかさ』六号、一九七九

加藤和夫「言語地図解釈における方言周圏論の限界 福井県若狭地方の分布事象を例に」『都立大学方言学会会報』八七号 一九七九

山田達也「福井県今庄、池田方言及び滋賀県木之本方言の基礎語彙について―徳山村方言に関連して―」『人文社会研究（名古屋市立大教養部紀要）』二四号、一九八〇

加藤和夫「福井県若狭地方における言語分布相―主に語の伝播の観点から―」『都大論究』一七号、一九八〇

佐藤茂・安部和江・佐藤美和子・加藤和夫「福井県武生市における方言の共通語化―場面差をめぐって―」『国語学』一二二集、一九八〇

加藤和夫「詞章を対象とした言語地理学―若狭地方の「蛍とり歌」の場合―」『佐藤茂教授退官記念 論集国語学』 桜楓社、一九八〇 ＊佐藤茂教授退官記念論文集刊行会編

鏡味明克「全国分布の中の福井県の地名」『佐藤茂教授退官記念 論集国語学』桜楓社、一九八〇

関西大学方言研究会「福井県奥越地方郷言 調査報告」「音韻・アクセント・語彙・文法・生活」『郷言』一六号上・下、一九八〇

加藤和夫「囲炉裏の座名体系の分布と変遷―若狭地方の囲炉裏をめぐる語彙―」『都大論究』一八号、一九八一

加藤和夫「周圏分布と方言周圏論―分布に探る「つらら」方言の音韻変化過程―」『国語国文学（福井大学）』二三号、一九八二

天野俊也「あいさつお国めぐり 福井の巻 出会いと別れのあいさつ」『言語生活』三六三号、一九八二

加藤和夫「若狭地方における家族呼称の分布とその変遷」『日本語研究（東京都立大学）』五号、一九八二

佐藤 茂「福井県の方言」『講座方言学6 中部地方の方言』国書刊行会、一九八三 ＊飯豊毅一ほか編

加藤和夫「福井県若狭地方における「肩車」の俚言分布」『人文学報（東京都立大学）』一六〇号、一九八三

佐藤亮一「福井市、および、その周辺地域のアクセント―調査法と型の区別の現れ方との関連を中心に―」『国語学研究』二三号、一九八三

吉田則夫「「方言文アクセント」についての一考察」『方言研究年報』二六巻、一九八四

山口幸洋「福井市郊外の二型アクセント」『方言研究年報』二

七号、一九八四

森下喜一「親愛を表す接尾語「メ」の減少する過程について—福井市およびその周辺地域を中心にして—」『岩手医科大学教養部研究年報』一九号、一九八四

加藤和夫「言語地図の作成と言語地理学的解釈」『新しい方言研究 愛蔵版』至文堂、一九八五 ＊加藤正信編

山口幸洋「福井方言の間投イントネーションについて」『音声の研究』二一集、一九八五

永江秀雄「地名「遠敷・丹生」考」『北陸の民俗』二集、一九八五

金田久璋「地名研究の参考文献目録 福井県の地名に関する文献資料」『北陸の民俗』2集、一九八五

関 淳一「福井県敦賀地方言語地図（昭和59年9月〜11月の調査より）」『国語国文学（福井大学）』二五号、一九八六

加藤和夫「〈録音器〉各地の若者の会話（10）女子高生と若い先生の会話—福井県鯖江市—」『言語生活』四一九号、一九八六

大橋勝男「日本諸方言についての記述的研究（11）—福井県南条郡今庄町方言について—」『新潟大学教育学部紀要 人文・社会科学編』二八巻二号、一九八七

新田哲夫「北陸地方の間投イントネーションについて」『金沢大学文学部論集 文学科篇』七号、一九八七

大橋勝男「西系方言に見る表現発想法の一特質—福井県南条郡今庄町今庄方言に着目して—」『国語国文学（福井大学）』二六号、一九八七

新潟大学方言研究会「特集・福井県南条郡今庄方言の研究」『方言の研究』一五号、一九八八

加藤和夫「福井県若狭地方における受身・可能表現の分布とその解釈」『論集ことば』東京都立大学人文学部国文研究室、一九八八

関西大学方言研究会「福井県武生市周辺郷言 本編、地図編」『郷言』二四号、一九八八

佐藤亮一「福井市およびその周辺地域におけるアクセントの年齢差、個人差、調査法による差」『方言研究法の探索（国立国語研究所報告93）』国立国語研究所、一九八八

加藤和夫「福井県若狭地方における語法の分布とその解釈（二）—敬語助動詞をめぐって—」『和洋国文研究』二四号、一九八九

天野俊也「昭和時代の猪野の言葉」『泰澄大師御母のふるさと・勝山市猪野』白山稚児神社御造営実行委員会、一九八九

上野善道・相澤正夫・加藤和夫・沢木幹栄「（日本方言）音韻総覧」『日本方言大辞典 下巻』小学館、一九八九

加藤和夫「北陸地方の方言研究」『東条操先生生誕一〇〇年記念 日本方言研究の歩み 論文編』角川書店、一九九〇

吉田五衛「芦原町の方言—方言収集緊急調査より」『福井県立

高志高等学校研究集録』一九号、一九九一
鎌田良二「福井・敦賀・洲本三市方言の動向―大阪弁の広がり―」『甲南女子大学研究紀要』二七号、一九九一
加藤和夫「福井県方言」『現代日本語方言大辞典 第1巻』明治書院、一九九二
藤本良致「エッチュウコシについて」『加能民俗研究』二三号、一九九二
岸江信介「福井県大飯郡高浜町音海方言の比喩語について」『方言資料叢刊』三巻、一九九三
天野義廣「福井県勝山市猪野方言の否定の表現」『方言資料叢刊』五巻、一九九五
天野義廣「福井県大野市方言の助数詞」『方言資料叢刊』六巻、一九九六
真田信治「滋賀県今津町・福井県上中町言語調査報告【資料編】」『大阪大学文学部紀要』三六号、一九九六
加藤和夫「福井県武生市下中津原町方言の否定の表現」『金沢大学語学・文学研究』二六号、一九九七
天野義廣「福井県大野市方言の待遇表現」『方言資料叢刊』七巻、一九九七
前川喜久雄「アクセントとイントネーション―アクセントのない地域―」『諸方言のアクセントとイントネーション(日本語音声1)』三省堂、一九九七　＊佐藤亮一ほか編
山口幸洋「一型アクセント方言の談話資料研究(3)福井市周辺」『Ars linguistica : Linguistic Studies of Shizuoka』Vol.5、一九九八
山口幸洋「福井一型アクセント研究のために」『名古屋・方言研究会会報』一五号、一九九八
山口幸洋「福井一型アクセント百人調査(1)(2)」『名古屋・方言研究会会報』一六号・一七号、一九九九・二〇〇〇
天野義廣「福井県勝山市猪野方言の副助詞」『方言資料叢刊』八巻、二〇〇〇
加藤和夫「民俗語彙研究にかけた情熱」『えちぜんわかさ』一六号、二〇〇一
余　健「母方言アクセントと移住先方言アクセント間の切り換え時に生じた逆転現象と平板型アクセント機能の解釈」『阪大日本語研究』一三号、二〇〇一
加藤和夫「北陸方言のオノマトペ―道がキンカンナマナマやじー」『月刊言語』三〇巻九号、二〇〇一
大和シゲミ「福井県上中町におけるアクセント体系の概観」『消滅に瀕した方言アクセントの緊急調査研究2』科学研究費研究成果報告書、二〇〇一
大和シゲミ「式音調の変化―福井県上中方言の場合」『日本方言研究会第七三回研究発表会発表原稿集』、二〇〇一
加藤和夫「日本海側の雪のことば―北陸地方の雪にまつわることば―」『日本語学』二一巻一号、二〇〇二
大和シゲミ「式音調の変化―福井県上中方言の場合―」『大阪

樟蔭女子大学日本語研究センター報告』一〇号、二〇〇二

大和シゲミ「上中方言アクセント資料」『消滅に瀕した方言アクセントの緊急調査研究3―消滅する方言アクセントの緊急調査研究―』科学研究費研究成果報告書、二〇〇二 ＊宮岡伯人

加藤和夫「町誌よもやま話(29) 衰退し、変化する方言を記録する」『広報みはま』三七六号、二〇〇二

加藤和夫「町誌よもやま話(30)「肩車」方言の分布が語るもの」『広報みはま』三七七号、二〇〇二

加藤和夫「地域研究と方言地理学」『方言地理学の課題』明治書院、二〇〇二 ＊佐藤亮一ほか編

加藤和夫「北陸人の方言意識を探る―コンプレックスからの脱却をめざして―」『北國文華』一五号、二〇〇三

加藤和夫「第一章 方言」「第二章 命名―美浜町の屋号命名の型―」『わかさ美浜町誌〈美浜の文化〉第五巻 語る・歌う』美浜町、二〇〇三

天野義廣「解説(福井県大野市の生活語彙)」『大野市史 第一二巻 方言編』大野市役所、二〇〇六

天野義廣「福井県勝山市平泉寺町方言の立ち上げ詞」『方言資料叢刊』九巻、二〇〇六

新田哲夫「方言に見られる生き物名に付く接尾辞「メ」―石川県白峰方言を中心に―」『日本のフィールド言語学―新たな学の創造にむけた富山からの提言―』桂書房、二〇〇六 ＊真田信治監修、中井精一、ダニエル・ロング、松田謙次郎編

加藤和夫「〈連載〉シリーズ 坂口ことば(①〜)」『夢ｎａｖｉさかのくち』No.23〜、二〇〇六〜(連載中)

加藤和夫「福井県の方言」『日本語学研究事典』明治書院、二〇〇七 ＊飛田良文ほか編

今尾ゆき子「気づかない方言文法―福井県丸岡町方言における「ナ形容詞」の用法―」『福井大学教育地域科学部紀要 第Ⅰ部 人文科学(国語学・国文学・中国学編)』五九号、二〇〇九

加藤和夫「無アクセント地域からアナウンサーに―「私の東京アクセント習得体験記」を読んで(3)―」『日本語学』二八巻七号、二〇〇九

猪野瀬ふるさと文化委員会「猪野瀬のあいさつ言葉―方言による会話例―」『いのせブックス』vol.1、二〇一一

加藤和夫「福井の方言を見直す〜その魅力と謎にせまる〜［講演記録］」『平成22年度 福井学基礎講座―はばたきのステージ 学習の歩み―』福井市中央公民館、二〇一一

加藤和夫監修「コトバアツメ 北陸方言コレクション」『Ｆｕ(ふう)』一六八号、二〇一一

真木啓生・新田哲夫「福井県越前地方の風位語彙」『日本方言研究会第九二回研究発表会発表原稿集』、二〇一一

新田哲夫「福井県三国町安島方言における maffa《枕》等の重

子音について」『音声研究』一五巻一号、二〇一一

佐々木秀仁「福井方言におけるアスペクトの研究―「～ツンタ」「～テンタ」「～テモタ」を中心に―」『学習院大学国語国文学会誌』五五号、二〇一二

新田哲夫「福井県越前町小樟方言のアクセント」『音声研究』一六巻一号、二〇一二

加藤和夫「ふくいコトバの不思議」『Ｆｕ（ふう）』一八一号、二〇一二

加藤和夫「知ってます？　福井の方言」『福井新聞』連載（全一二回）、二〇一二

新田哲夫「越前海岸のN型アクセント」『第27回日本音声学会全国大会予稿集』二〇一三

松倉昂平「福井県あわら市のアクセント分布」『東京大学言語学論集』三五号、二〇一四

加藤和夫「方言の魅力と謎にせまる（文化講演会の記録）」『福応会報』三二号、二〇一五

新田哲夫「列島縦断！日本全国イチオシ方言　福井県」『日本語学』三四巻三号、二〇一五

松倉昂平「福井県あわら市北潟方言および清滝方言のアクセント資料」『東京大学言語学論集　電子版』三六号、二〇一五

松倉昂平「福井県あわら市北潟方言の音調交替」『音声研究』二〇巻一号、二〇一六

松倉昂平・新田哲夫「福井三型アクセントの共時的特性の対照」『音声研究』二〇巻三号、二〇一六

松倉昂平「福井市西部沿岸部及び東部山間部のアクセント分布」『東京大学言語学論集』三八号、二〇一七

加藤和夫「一般市民を対象としたマスメディアや生涯学習を通じた方言教育―石川県・福井県における実践事例から―」『日本方言研究会第一〇四回研究発表会発表原稿集』、二〇一七

加藤和夫「若狭弁」『関西弁事典』ひつじ書房、二〇一八　＊真田信治監修

松倉昂平「福井県坂井市三国町安島方言の三型アクセント―付属語のアクセントと型の中和―」『国立国語研究所論集』一四号、二〇一八

松倉昂平「要地方言の活用体系記述　福井県大野市方言」『全国方言文法辞典資料集（4）　活用体系（3）』方言文法研究会、二〇一八

加藤和夫「各地の方言・北陸」『日本語学大辞典』東京堂出版、二〇一八　＊日本語学会編

吉田健二・新田哲夫他「日本語福井方言の鼻的破裂音―持続時間パターンの特徴」『第32回日本音声学会全国大会予稿集』、二〇一八

松倉昂平「福井県北潟方言の後部3拍複合名詞のアクセント―「式保存」が成り立たない共時的・通時的背景」『日本語の

研究』一五巻二号、二〇一九
加藤和夫「生涯学習における方言の役割」『実践方言学講座 第2巻 方言の教育と継承』くろしお出版、二〇二〇 ＊大野眞男・杉本妙子編
加藤和夫「北陸地方における方言景観の特徴」『国際文化（公立小松大学国際文化交流学部紀要）』四号、二〇二二

おわりに

筆者自身、福井県出身の方言研究者の一人として、機会があればいつか多くの人に気軽に手にとっていただけるような福井県方言の入門的概説書をまとめたいと思っていた。内容的にはまだまだ拙いものだが、今回ようやくそれが実現できた。

一九九一年に金沢大学に着任以来、北陸方言、特に石川・福井両県の方言の調査研究を通して得た知見を一般の人に向けて書いたり、話したりすることも多くなり、方言研究者として様々な機会を通じて地域の人たちに方言について発信していくことの意義や責任を意識するようになった。

一九九二年に石川県の北陸放送のテレビ番組「知ットルジー」で方言をテーマに二回ゲスト出演したのを皮切りに、二〇〇三年からは同じ北陸放送のラジオの朝のローカル番組で月一回、一〇分程度、日本語や方言について話すことになったり(この出演は通算二三〇回を超えて今も続いている)、二〇〇四年に北陸放送ラジオで方言を扱ったコーナーが始まるにあたって監修を頼まれたりと、石川・福井両県のテレビ・ラジオで方言について話すことも多くなった。一九九九年から三年間は、NHK記録事業「ふるさと日本のことば」の福井県域(NHK福井放送局)監修者として映像としての福井方言の記録、放送にも協力した。

一方、新聞でも「北國新聞」の朝刊〈金沢面〉で一九九四年一月から一二月まで一年間、計一四二回の連載「頑張りまっし金沢ことば」の監修、同じく「北國新聞」で二〇一三・二〇一四年の二年間、計一〇一回の方言に関する連載の監修を務め、福井県でも「福井新聞」の方言の連載(二〇〇六年一月〜四月の「ほやほや福井の方言」への協力、二〇一二年一〇月～一二月の「知ってます?・福井の方言」の執筆）に関わった。

さらに、「北國新聞」での最初の連載と同時期に、佐藤和之・米田正人両氏と大修館書店の企画による全国一四都市での方言意識調査に参加する機会を得たことで（筆者は金沢市の調査を担当）、北陸人の方言意識に対して関心を持つようにもなった（第二章三節「根強い方言コンプレックス」参照）。この調査結果の分析を通して、北陸人、中でも嶺北地方を中心とした福井県人の方言コンプレックスの根強さが明らかとなり、北陸人、福井県人の方言に対するネガティブな意識をポジティブに変えるために、方言研究者として何をすべきかについても考えるようになった。

当時、金沢大学の教育学部で国語教師養成に関わっていたこともあり、まずは子どもたちに方言について正しい知識と関心を持ってもらえるような方言教材が必要と考え、小学校高学年から中学生を対象とした方言教材（金沢・鶴《つる》来《ぎ》・大聖寺《だいしょうじ》の石川県内三地点の方言を取り上げた）を作成したこともある。

その後、筆者の方言に関する啓発活動、教育活動の対象は、児童・生徒から次第に高年層を中心とした社会人へと移っていくこととなった。根強い方言コンプレックスに起因する方言使用の忌避意識のためか、北陸地方で方言調査をしていると、高年層話者の方から、「家で方言をしゃべると、子どもや孫の前でわけのわからん方言しゃべらんといてと息子や嫁から言われて、普段家では方言を話しとうても話せん」といった告白を聞くことが少なくない。そのような家庭内での方言不使用の実態を知る中で、方言を若い世代に少しでも受け継ぐためには、祖父母や親世代の方たちに、方言への偏見や誤解を解き、共通語とは異なる方言の現代的価値、役割を理解していただき、方言がふさわしい相手、場面では方言を使ってもらうための活動こそ、方言研究者として心がけるべきではないかと考えるようになったのである。約三〇年にわたる筆者の地域の人たちへの方言の啓発活動については、加藤和夫（二〇二〇）にまとめる機会を得た。

ところで、方言に関する啓発活動の一つに一般の人を対象とした方言についての講演があるが、これまで福井県内で講演をした際に時折聞かれたのが、福井県の方言(嶺北方言・嶺南方言をともに取り上げた)についての入門的な概説書がないのでぜひ書いて欲しいという声であった。いつかそうした要望に応えたいと思いつつも、目の前の仕事に追われて時が過ぎていたとき、福井県郷土誌懇談会からブックレットの一冊として福井県の方言について書くようにとのお勧めをいただいた。ありがたくお引き受けしたものの、それからもずいぶん時間が経過してしまった。金沢大学を定年退職して少し時間も取れるようになって、このたび、拙い内容ながら何とか一冊にまとめることができた。

また、本書のコラムの執筆者に、金沢大学教育学部教員時代に筆者の指導で福井方言をテーマに卒業論文を書いた福井市出身の卒業生、堀部昌宏さんと髙谷直樹さんの二人の協力が得られたことも嬉しいことであった。そして、福井県郷土誌懇談会の出版事業編集委員の皆様、および事務局の長野栄俊氏には、本書の草稿に目を通して貴重なご意見、ご指摘、文献情報等をいただいたことに感謝したい。

これまで方言について関心が低かった福井県も、二〇二三年度末の北陸新幹線敦賀延伸を控えて、方言を地域の大切な文化と捉え、「方言は素晴らしく、そして楽しい」のスローガンのもと、SNSも活用し、かつ若い人たちも巻き込んでの「福井の方言愛着ましましプロジェクト」なるものを今年度から立ち上げた。筆者も微力ながら一昨年秋から助言、協力しているが、一過性のものに終わらせず、息の長い活動になることを期待したい。

最後に、本書が少しでも多くの読者を得ることで、とりわけ福井県民の方言についての理解が進み、方言に対する誤解や偏見、コンプレックスをなくしてもらいたい。そして、地域の大切な文化であり、個々人の言語的アイデンティティの基盤たる方言を、それがふさわしい相手や場面で使うことで、共通語とうまく共生させながら、少しでも多くの方言が、少しでも長く受け継がれることを願いたい。

【著者紹介】
加藤　和夫（かとう　かずお）
1954年生まれ
金沢大学名誉教授
東京都立大学大学院人文科学研究科国文学専攻修士課程修了
主要著書
『みまっし、きくまっし 小松の方言』（小松市広報秘書課、2017）
『新 頑張りまっし金沢ことば』（監修、北國新聞社、2005）
『方言の地図帳』（共著、講談社学術文庫、2019）
『都道府県別 全国方言辞典』（共著、三省堂、2009）
『どうなる日本のことば 方言と共通語のゆくえ』（共著、大修館書店、1999）　ほか

【執筆者紹介】五十音順
髙谷　直樹（たかや　なおき）
1977年生まれ　福井市立光陽中学校教諭
堀部　昌宏（ほりべ　まさひろ）
1970年生まれ　福井県立福井商業高等学校教諭

【編者紹介】
福井県郷土誌懇談会（ふくいけん きょうどし こんだんかい）
福井県に関する考古、歴史、地理、民俗、自然等の研究を通して郷土文化への関心を深め守ることを目的として1952年に発足（事務局：福井県立図書館内）。機関誌『若越郷土研究』を年2回刊行。これまでに「福井県郷土叢書」（主要史料の翻刻）や「福井県郷土新書」などを出版。当ブックレットの既刊に『越前・若狭の戦国』（松浦義則ほか著）、『幕末の福井藩』（本川幹男ほか著）がある。

岩田書院ブックレット
歴史考古学系H31

福井県の方言―ふるさとのことば再発見―

2023年（令和５年）３月25日　第１刷　1100部発行　定価［本体1500円＋税］

著　者　加藤和夫 ほか
編　者　福井県郷土誌懇談会

発行所　有限会社岩田書院　代表：岩田　博　http://www.iwata-shoin.co.jp
〒157-0062 東京都世田谷区南烏山4-25-6-103　電話 03-3326-3757　FAX03-3326-6788

組版・印刷・製本：藤原印刷

コピーOK

ISBN978-4-86602-152-2　C3321　￥1500E

岩田書院ブックレット 歴史考古学系H

①	史料ネット	平家と福原京の時代	1600円	2005.05
②	史料ネット	地域社会からみた「源平合戦」	1400円	2007.06
③	たばこ塩博	広告の親玉赤天狗参上！	1500円	2008.08
④	原・西海 ほか	寺社参詣と庶民文化	1600円	2009.10
⑤	田村　貞雄	「ええじゃないか」の伝播	1500円	2010.04
⑥	西海・水谷ほか	墓制・墓標研究の再構築	1600円	2010.10
⑦	板垣・川内	阪神淡路大震災像の形成と受容	1600円	2010.12
⑧	四国地域史	四国の大名	品切れ	2011.04
⑨	市村高男ほか	石造物が語る中世の佐田岬半島	1400円	2011.08
⑩	萩原研究会	村落・宮座研究の継承と展開	1600円	2011.09
⑪	四国地域史	戦争と地域社会	1400円	2011.10
⑫	法政大多摩	文化遺産の保存活用とNPO	1400円	2012.03
⑬	四国地域史	四国の自由民権運動	1400円	2012.10
⑭	時枝・由谷ほか	近世修験道の諸相	1600円	2013.05
⑮	中世史ｻﾏｰｾﾐﾅｰ	日本中世史研究の歩み	1600円	2013.05
⑯	四国地域史	四国遍路と山岳信仰	品切れ	2014.01
⑰	品川歴史館	江戸湾防備と品川御台場	1500円	2014.03
⑱	群馬歴史民俗	歴史・民俗からみた環境と暮らし	1600円	2014.03
⑲	武田氏研究会	戦国大名武田氏と地域社会	1500円	2014.05
⑳	笹原・西岡ほか	ハレのかたち－造り物の歴史と民俗－	1500円	2014.09
㉑	四国地域史	「船」からみた四国－造船・異国船・海事都市－	1500円	2015.09
㉒	由谷　裕哉	郷土の記憶・モニュメント	1800円	2017.10
㉓	四国地域史	四国の近世城郭	1700円	2017.10
㉔	**福井郷土誌懇**	**越前・若狭の戦国**	1500円	2018.06
㉕	加能・群馬	地域・交流・暮らし	1600円	2018.11
㉖	四国地域史	四国の中世城館	1300円	2018.12
㉗	小宮木代良	近世前期の公儀軍役負担と大名家	1600円	2019.03
㉘	市村高男ほか	勝尾城筑紫氏遺跡と九州の史跡整備	1800円	2019.12
㉙	**福井郷土誌懇**	**幕末の福井藩**	1600円	2020.03
㉚	宮間　純一	歴史資源としての城・城下町	1600円	2021.02

ISBN978-4-86602-152-2
C3321 ¥1500E

9784866021522

1923321015005

岩田書院
定価(本体1,500円+税)

鯖江市「道の駅 西山公園」売店
「名物＆おすすめ 見ておっけのお！」▼

[本書主要目次

歴史資源としての城・城下町

宮間純一◉編

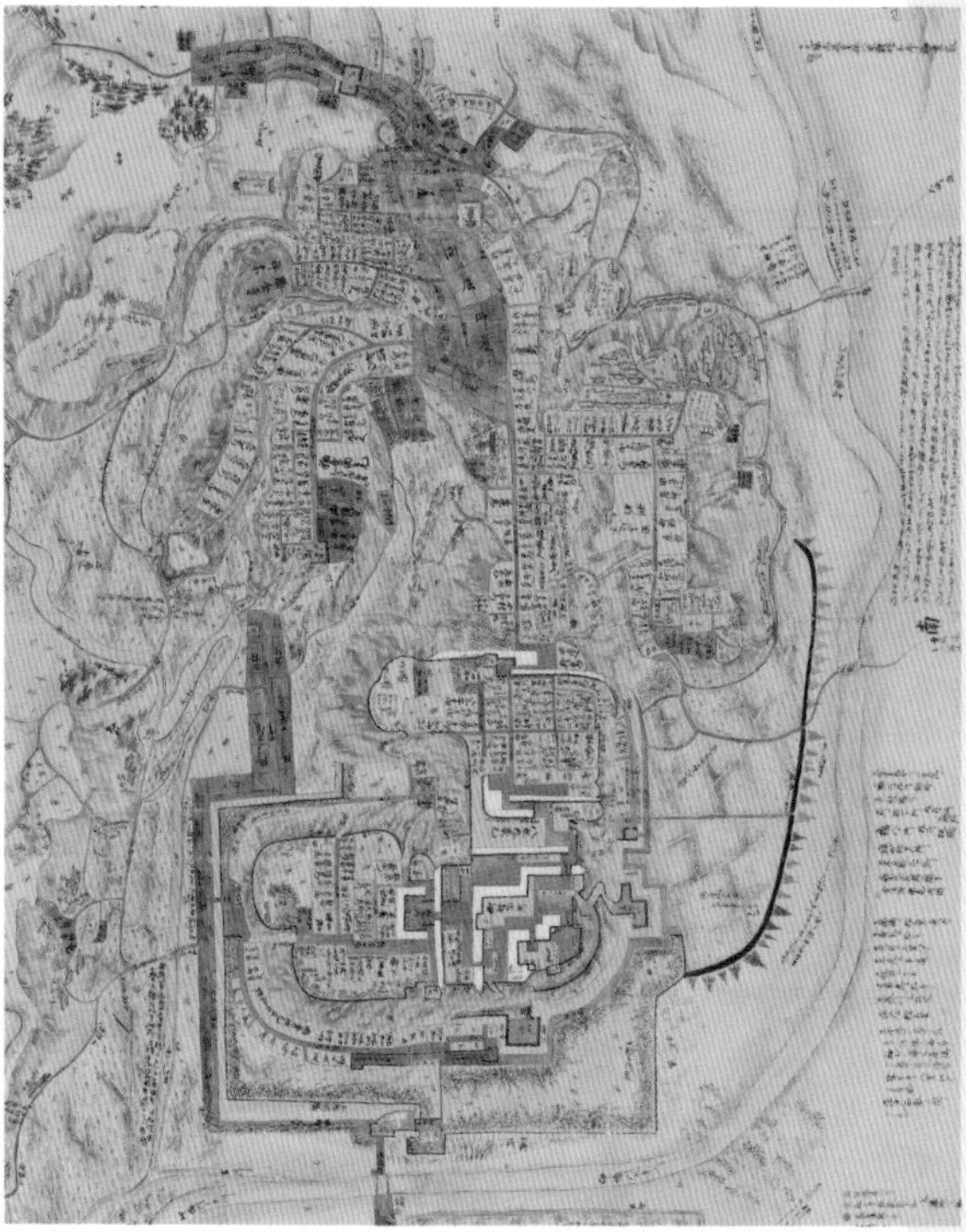

総州佐倉御城府内之図（部分）◉佐倉市教育委員会蔵

佐倉市旧堀田邸でのコスプレ撮影をPRするポスター

岩田書院ブックレット
H-30
［歴史考古学系］

岩田書院